새로운 도서 다양한 자료
동양북스 홈페이지에서 만나보세요!

홈페이지 활용하여 외국어 실력 두 배 늘리기!

홈페이지 이렇게 활용해보세요!

1 도서 자료실에서 학습자료 및
MP3 무료 다운로드!

❶ 도서 자료실 클릭
❷ 검색어 입력
❸ MP3, 정답과 해설, 부가자료 등
첨부파일 다운로드

* 원하는 자료가 없는 경우 '요청하기' 클릭!

2 동영상 강의를 어디서나 쉽게!
외국어부터 바둑까지!

500만 독자가 선택한

가장 쉬운
독학 일본어 첫걸음
14,000원

가장 쉬운
독학 중국어 첫걸음
14,000원

가장 쉬운
독학 베트남어 첫걸음
15,000원

가장 쉬운
독학 스페인어 첫걸음
15,000원

가장 쉬운
독학 프랑스어 첫걸음
16,500원

가장 쉬운
독학 태국어 첫걸음
16,500원

가장 쉬운
프랑스어 첫걸음의 모든 것
17,000원

가장 쉬운
독일어 첫걸음의 모든 것
18,000원

가장 쉬운
스페인어 첫걸음의 모든 것
14,500원

첫걸음 베스트 1위!

동양북스
www.dongyangbooks.com
m.dongyangbooks.com

가장 쉬운 러시아어
첫걸음의 모든 것
16,000원

가장 쉬운 이탈리아어
첫걸음의 모든 것
17,500원

가장 쉬운 포르투갈어
첫걸음의 모든 것
18,000원

버전업! 가장 쉬운
베트남어 첫걸음
16,000원

가장 쉬운 터키어
첫걸음의 모든 것
16,500원

버전업! 가장 쉬운
아랍어 첫걸음
18,500원

가장 쉬운 인도네시아어
첫걸음의 모든 것
18,500원

버전업! 가장 쉬운
태국어 첫걸음
16,800원

가장 쉬운 영어
첫걸음의 모든 것
16,500원

버전업! 굿모닝
독학 일본어 첫걸음
14,500원

가장 쉬운 중국어
첫걸음의 모든 것
14,500원

오늘부터는 팟캐스트로 공부하자!

팟캐스트 무료 음성 강의

▶▶1
iOS 사용자

Podcast 앱에서
'동양북스' 검색

▶▶2
안드로이드 사용자

플레이스토어에서 '팟빵' 등
팟캐스트 앱 다운로드,
다운받은 앱에서
'동양북스' 검색

▶▶3
PC에서

팟빵(www.podbbang.com)에서
'동양북스' 검색
애플 iTunes 프로그램에서
'동양북스' 검색

◉ **현재 서비스 중인 강의 목록** (팟캐스트 강의는 수시로 업데이트 됩니다.)

- 가장 쉬운 독학 일본어 첫걸음
- 페이의 적재적소 중국어
- 가장 쉬운 독학 중국어 첫걸음
- 중국어 한글로 시작해
- 가장 쉬운 독학 베트남어 첫걸음

孔子学院总部
Confucius Institute Headquarters

人民教育出版社
PEOPLE'S EDUCATION PRESS

중국어뱅크

똑똑한 중국어 말하기 훈련 프로그램

스마트 스피킹 중국어

张洁 저 김현철·박응석 편역

4

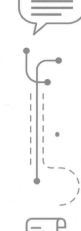

동양북스

스마트 스피킹 중국어 4

초판 1쇄 인쇄 | 2020년 02월 10일
초판 1쇄 발행 | 2020년 02월 15일

지은이 | 张洁
편역 | 김현철, 박응석
발행인 | 김태웅
편집장 | 강석기
기획 편집 | 신효정
디자인 | 정혜미, 남은혜
마케팅 | 나재승
제작 | 현대순

발행처 | (주)동양북스
등   록 | 제2014-000055호
주   소 | 서울시 마포구 동교로 22길 14 (04030)
구입 문의 | 전화 (02)337-1737 팩스 (02)334-6624
내용 문의 | 전화 (02)337-1762 dybooks2@gmail.com

ISBN 979-11-5768-588-2 14720
    979-11-5768-451-9 (세트)

▶ 잘못된 책은 구입처에서 교환해드립니다.
▶ 도서출판 동양북스에서는 소중한 원고, 새로운 기획을 기다리고 있습니다.
  http://www.dongyangbooks.com

이 도서의 국립중앙도서관 출판예정도서목록(CIP)은 서지정보유통지원시스템 홈페이지(http://seoji.go.kr)와
국가자료공동목록시스템(http://www.nl.go.kr/kolisnet)에서 이용하실 수 있습니다.
(CIP제어번호:CIP2020003734)

또 하나의 고개를 넘습니다.

어느 교재든 수고한 손길들이 있기 마련입니다. 그리고 또다시 세상을 보게 되는 수많은 교재가 우리 앞에 쏟아지고 있습니다. 그래서 새로운 교재를 내놓을 때마다 또 하나의 불필요한 수고가 되지 않기 위해서 그 어느 때보다도 경건해집니다.

이번에 소개해 드리는 교재 역시 창의적인 생각으로 고안된 겁니다. 기존의 불필요한 부분들을 과감하게 떨쳐 버리고, 완전히 학습자 입장에서 만들어졌습니다.

정확한 학습 목표와 학습 내용을 먼저 제시하고, 준비 과정에서 먼저 사진 등으로 시작한 후, 매 과의 핵심 문장을 들어 연습하게 했습니다. 또한, 본문은 반드시 연습을 통해 이해하고 익숙해질 수 있도록 구성하였으며, 새로 나온 단어를 하단에 배치하여 따로 사전을 찾지 않아도 되게 하였습니다. 더욱이 정리하기 편에서는 구조적인 설명과 문화 팁, 그리고 퀴즈를 통해 학습한 내용을 충분히 습득할 수 있게 하였습니다. 종합 연습도 공인시험 형태로 꾸며 배운 내용을 바탕으로 시험에 바로 응시할 수 있게 배치하였습니다. 이렇듯 참신한 아이디어로 똘똘 뭉친 이 교재는 수업시간에 활용하거나, 독학하거나 그룹으로 학습하는 데도 아주 적합하게 활용할 수 있도록 구성하였습니다.

말 그대로 입에서 술술 나오는 중국어가 중요합니다. 듣고 말하고 읽고 쓰는 게 무엇보다 중요합니다. 시간이 없다고 이 네 가지를 소홀히 할 수는 없습니다.

이 교재로 제대로 된 교수법으로 무장한 교사가 수업한다면 아무 문제 없을 겁니다. 무엇을 가르치고 어떻게 가르치고 누가 가르치느냐가 절대적으로 중요합니다. 이 교재의 내용 전체를 위에서 제시한 방법대로 가르친다면 학습자와 교수자 모두 만족하는 아주 의미 있는 중국어 학습이 될 거라 확신합니다.

조금씩 변화를 주는 태도로 꾸준하게 연습하십시오. 투자한 만큼 오롯이 보상을 받을 수 있는 것이 바로 외국어 교육입니다. 교재의 내용을 자주 듣고, 큰 소리로 말하며, 끊어 읽기에 주의하여 읽고, 반드시 손으로 써 보시기 바랍니다. 변화된 모습이 여러분 앞에 환하게 펼쳐질 겁니다.

아울러 교재 출판 끝까지 같이 해준 중국어기획팀과 동양북스 식구들 모두에게 또 하나의 고마움을 전합니다.

哲山과 **石松** 적음

5

📖 **본책**

◀ 학습 목표와 학습 내용

본 과에서 배울 내용을 미리 살펴봅니다.

😊 학습 전후 배운 내용에 체크해 보세요.

▶ 준비하기

본문 학습 전 준비 단계로 관련 단어와 핵심 문장을 살펴봅니다.

😊 본문에서 배울 내용을 미리 듣고 큰 소리로 따라해 보세요.

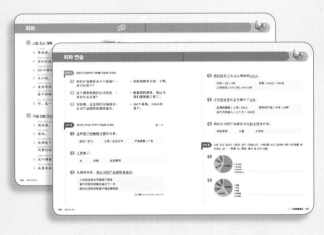

◀ 회화

본 과의 주제와 관련된 상황의 대화문을 수록하였습니다. 새로운 표현뿐만 아니라 앞 과에서 배운 표현도 포함되어 있어 복습 효과도 누릴 수 있습니다.

😊 일상 + 비즈니스 회화로 다양한 표현을 폭넓게 익힐 수 있어요.

◀ 회화 연습

대화 연결하기, 교체 연습, 자유롭게 대답하기 등 말하기 중심의 연습을 통해 배운 내용을 바로 확인합니다.

😊 배운 내용이 입에 익숙해지도록 연습해 보세요.

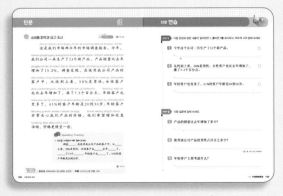

◀ 단문

본 과의 주제와 관련된 상황의 짧은 글을 수록하였습니다.

😊 Speaking Training을 통해 본문 내용을 연습해 보세요.

◀ 단문 연습

옳고 그림 판단하기, 질문에 답변하기 등 말하기 중심의 연습을 통해 배운 내용을 바로 확인합니다.

😊 중국어로 답변하는 연습을 통해 말하기 실력을 향상시켜 보세요.

◀ 정리하기

본문에서 배운 내용을 정리하고, 추가적으로 필요한 어법이나 어휘를 정리하였습니다.

😊 학습한 문장을 직접 써 보는 퀴즈를 통해 배운 내용을 정리해 보세요.

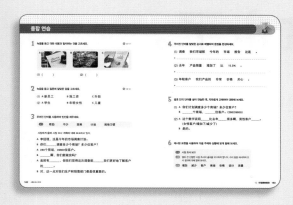

◀ 종합 연습

본 과에서 학습한 내용을 듣기, 읽기, 쓰기, 말하기 네 영역별 문제를 통해 골고루 점검할 수 있습니다.

😊 실력을 점검한 후 부족한 영역은 다시 한번 풀어 보세요.

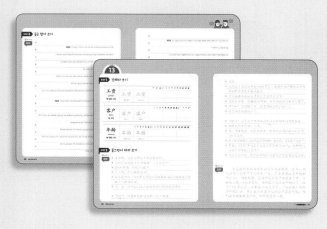

워크북

워크북은 STEP 1 간체자 쓰기 ≫ STEP 2 들으면서 따라 쓰기 ≫ STEP 3 듣고 받아쓰기 ≫ STEP 4 빈칸 채우기 순서로 이루어져 있습니다. 반복해서 듣고, 쓰고, 말하면서 배운 내용을 내 것으로 만들 수 있습니다.

😊 듣고 쓰면서 입으로 따라 하면 말문이 트이는 워크북으로 한 과를 마무리해 보세요.

MP3

MP3는 동양북스 홈페이지 자료실에서 무료로 다운로드 받으실 수 있습니다.
(http://www.dongyangbooks.com)

Jiǎnlì bèi shéi názǒu le.

简历被谁拿走了。

| 이력서를 누가 가져갔어요.

계가 프린터를 고장 냈는데, 당신들 것을 좀 써도 될까요?

그럼요.

학습 목표 ☐ 비품을 빌리거나 업무 관련 예약을 할 수 있다.

학습 내용 ☐ 피동문 被 ☐ 피동문 让/叫 ☐ 비교문 A 和/跟 B一样 ☐ 부사 反正

준비하기

STEP 1 이번 과의 주제와 관련된 단어를 따라 읽어 보세요. 🎧 01-01

打印机
dǎyìnjī

프린터

商务车
shāngwù chē

승합차, 업무 차량

设计
shèjì

디자인

STEP 2 이번 과의 핵심 문장을 발음과 억양에 유의하여 따라 읽어 보세요. 🎧 01-02

1 打印机让我们用坏了。 ☑ ☐ ☐
Dǎyìnjī ràng wǒmen yònghuài le.

2 我想订一辆商务车。 ☑ ☐ ☐
Wǒ xiǎng dìng yí liàng shāngwù chē.

3 这是我们新的广告设计。 ☑ ☐ ☐
Zhè shì wǒmen xīn de guǎnggào shèjì.

😊 사무 용품 빌리기

Wǒ shì guǎnggàobù Xiǎo Wén, shì Xiǎo Gāo ma?

A 我是广告部小文，是小高吗？

Xiǎo Wén, nǐ hǎo.　Shèjì chū shénme wèntí le ma?

B 小文，你好。设计出什么问题了吗？

Bú shì.　Dǎyìnjī ràng wǒmen yònghuài le.

A 不是。打印机让我们用坏了。

Néng bu néng jiè nǐmen de yòng yíxià?

能不能借你们的用一下？

Kěyǐ,　nǐ xiàlai ná ba.

B 可以，你下来拿吧。

Hǎo,　nà wǒ mǎshàng xiàqu. Xièxie nǐ!

A 好，那我马上下去。谢谢你！

Bú kèqì.

B 不客气。

🎧 01-04

New Words

• **设计** shèjì 몡동 디자인(하다)　• **让** ràng 개 ～에게[～에 의해] (～당하다)　• **借** jiè 동 빌리다
• **拿** ná 동 (손으로) 쥐다

😊 업무 차량 예약

Wéi, shì Xiǎo Qián ma? Wǒ shì chǎnpǐnbù Wēn Xiǎoyuè.

A 喂，是小钱吗？我是产品部温小月。

Shì wǒ. Nín yǒu shénme shìr?

B 是我。您有什么事儿？

Wǒ xiǎng dìng yí liàng shāngwù chē, zhōuwǔ xiàwǔ yòng.

A 我想订一辆商务车，周五下午用。

Bù hǎoyìsi, shāngwù chē yǐjīng bèi biérén dìng le.　Huàn bié de chē kěyǐ ma?

B 不好意思，商务车已经被别人订了。换别的车可以吗？

Yě xíng.   Fǎnzhèng wǒmen jiù sān ge rén. Nà nǐ bāng wǒ ānpái yí ge sì rén zuò de ba.

A 也行。反正我们就三个人。那你帮我安排一个四人座的吧。

Hǎo le, xīngqīwǔ xiàwǔ, sì rén zuò de chē.

B 好了，星期五下午，四人座的车。

🎧 01-06

New Words • 被 bèi 〖개〗 ～에게 (～당하다) • 别人 biérén 〖명〗 다른 사람 • 反正 fǎnzhèng 〖부〗 어쨌든, 결국
• 座 zuò 〖명〗 자리

😊 수정에 대한 논의

 🎧 01-07

Gāo xiānsheng, bù hǎoyìsi, wǒ chídào le.

A 高先生，不好意思，我迟到了。

Chūfā de shíhou cái zhīdào chē jiào biérén kāizǒu le.

出发的时候才知道车叫别人开走了。

Méi guānxi. Wǒ yě cái dào.

B 没关系。我也才到。

Zhè shì wǒmen xīn de guǎnggào shèjì, gěi nín.

A 这是我们新的广告设计，给您。

Yǒu huángsè biāozhì de bùfen shì xiǎng hé nín shāngliang de dìfang.

有黄色标志的部分是想和您商量的地方。

Hǎo, yǒu hóngsè biāozhì de bùfen ne?

B 好，有红色标志的部分呢？

Nàxiē shì yǒu biànhuà de, hé shàng zhōu de wénjiàn bù yíyàng de dìfang.

A 那些是有变化的，和上周的文件不一样的地方。

Hǎo de, biànhuà tǐng dà de, wǒ děi hǎohǎo kànkan.

B 好的，变化挺大的，我得好好看看。

🎧 01-08

New Words • 迟到 chídào 〖동〗 지각하다 • 叫 jiào 〖개〗 ～에 의해 (～하게 되다)
• 标志 biāozhì 〖명〗〖동〗 표시(하다) • 部分 bùfen 〖명〗 부분 • 商量 shāngliang 〖동〗 상의하다
• 一样 yíyàng 〖형〗 같다 • 地方 dìfang 〖명〗 곳, 부분 • 变化 biànhuà 〖명〗〖동〗 변화(하다)

회화 연습

STEP 1 알맞게 연결하여 대화를 연습해 보세요.

1 能不能借你们的用一下？　·

·　可以，你下来拿吧。

2 我想订一辆商务车，
周五下午用。　·

·　好了，星期五下午，
四人座的车。

3 那你帮我安排一个
四人座的吧。　·

·　不好意思，商务车已经
被别人订了。

STEP 2 제시된 단어로 바꾸어 연습해 보세요. 🎧 01-09

1 <u>打印机</u>让<u>我们</u>用<u>坏了</u>。

> 眼镜 / 同事 / 坐坏了　　　　　日程安排 / 我 / 写错了
> 我们的护照 / 小文 / 忘在宾馆了

2 <u>商务车</u>已经被<u>别人</u><u>订了</u>。

> 文件 / 文女士 / 签收了　　　　打印机 / 小周 / 修好了
> 杯子里的水 / 小高 / 喝完了

🔔 **签收** qiānshōu 통 서명하고 수령하다

3 反正我们就<u>三个人</u>，<u>车小一点儿也可以</u>。

> 你已经迟到了 / 就别这么急了　　　今天不会下雨 / 我就不带伞了
> 这儿不需要打印机 / 你就先拿去用吧

4 你帮我安排一个四个人座的吧。

准备 / 明天的会议资料　　下去拿 / 打印机　　收下 / 我的快递

🔔 **快递** kuàidì 명 택배

5 车叫别人开走了。

裤子 / 孩子 / 穿坏了　　　　　　会议记录 / 小钱 / 拿走了
小文 / 公司 / 派到美国出差了

6 那些是跟上周的文件不一样的地方。

年轻 / 健康 / 重要　　　　　　我的车 / 他的车 / 好
这件衬衫 / 那件衬衫的颜色

STEP 3 被, 叫, 让을 사용하여 제시된 상황에 맞게 알맞은 문장을 말해 보세요.

1

2

😊 **제품 소개하기**

Wǒ jīntiān guò de bú tài hǎo. Shàngwǔ kāiwán huì zhīhòu bāng jīnglǐ zhǎo
我今天过得不太好。上午开完会之后帮经理找

jiǎnlì zhǎole hǎojiǔ, nàge jiǎnlì hěn zhòngyào, dànshì bù xiǎoxīn bèi jīnglǐ
简历找了好久，那个简历很重要，但是不小心被经理

nádào huìyìshì qù le, chà yìdiǎnr jiào biérén názǒu. Xiàwǔ qù gěi Gāo
拿到会议室去了，差一点儿叫别人拿走。下午去给高

xiānsheng sòng wénjiàn, chūfā de shíhou cái zhīdào chē bèi biérén kāizǒu le, jiù
先生送文件，出发的时候才知道车被别人开走了，就

chídào le. Búdàn gōngzuò shang chū wèntí, érqiě shēntǐ hái fēicháng bù shūfu.
迟到了。不但工作上出问题，而且身体还非常不舒服。

Kuài xiàbān de shíhou, wǒ juéde zìjǐ yǒudiǎnr fāshāo. Zhè jiàn shìr ràng
快下班的时候，我觉得自己有点儿发烧。这件事儿让

jīnglǐ zhīdào le, tā kāichē dài wǒ dào yīyuàn kànle yīshēng.
经理知道了，他开车带我到医院看了医生。

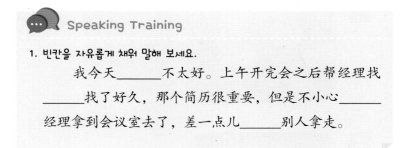

💬 Speaking Training

1. 빈칸을 자유롭게 채워 말해 보세요.

我今天＿＿＿＿不太好。上午开完会之后帮经理找
＿＿＿＿找了好久，那个简历很重要，但是不小心＿＿＿＿
经理拿到会议室去了，差一点儿＿＿＿＿别人拿走。

New Words

- 简历 jiǎnlì 명 이력서, 약력
- 小心 xiǎoxīn 형 주의 깊다
- 不但……而且…… búdàn……érqiě…… ~뿐 아니라 ~도
- 自己 zìjǐ 대 자기, 자신

단문 **연습**

STEP 1 다음 문장과 본문 내용이 일치하면 V, 틀리면 X를 표시하고, 바르게 고쳐 말해 보세요.

1 不小心被高先生拿到会议室去了，差一点儿叫别人拿走。 ☐

▶ _____

2 虽然工作上出问题，但是身体还非常舒服。 ☐

▶ _____

3 经理开车带我到医院看了医生。 ☐

▶ _____

STEP 2 다음 질문에 답해 보세요.

1 上午她帮经理找了什么？

▶ _____

2 给高先生送文件的时候，她为什么迟到了？

▶ _____

3 她今天身体怎么样？

▶ _____

정리하기

1 피동문 被

행위를 당하는 사람이나 사물이 주어인 경우를 '피동문'이라고 하며 행위자 앞에 보통 개사 '被', '让', '叫' 등이 사용됩니다. '被자문'의 특징은 다음과 같습니다.
① 주어가 대개 한정적인 명사이다.
② 동사는 동태조사나 보어 등 기타 성분을 동반한다.
③ '被' 뒤 목적어는 생략이 가능하다.
④ 부정부사나 능원동사는 '被' 앞에 온다.

那个孩子被妈妈打了。
Nàge háizi bèi māma dǎ le.

杯子被打碎了。
Bēizi bèi dǎsuì le.

那个文件被人拿走了。
Nàge wénjiàn bèi rén názǒu le.

那个文件没被人拿走了。
Nàge wénjiàn méi bèi rén názǒu le.

2 피동문 让/叫

'被'가 글말에 많이 쓰이는 반면 '让'과 '叫'는 대화에 많이 쓰입니다. 또한 '让'과 '叫'는 생략이 가능한데 생략할 경우 피동에 대한 감정이 없이 객관적 사실만을 서술하는 느낌을 가집니다.

那些样品让人拿走了。
Nàxiē yàngpǐn ràng rén názǒu le.

商务车让李总开走了。
Shāngwù chē ràng Lǐ zǒng kāizǒu le.

那些样品叫人拿走了。
Nàxiē yàngpǐn jiào rén názǒu le.

商务车李总开走了。
Shāngwù chē Lǐ zǒng kāizǒu le.

(()) 样品 yàngpǐn 뗑 견본(품)

Quiz 이번 과에서 배운 내용을 바탕으로 중국어로 써 보세요.

1. ① 그 아이는 엄마에게 맞았다. ▶ _____
   ② 그 파일은 어떤 사람이 가져갔다. ▶ _____
   ③ 컵이 깨졌다. ▶ _____
   ④ 그 파일은 누가 가져가지 않았다. ▶ _____
2. ① 그 샘플을 어떤 사람이 가져갔다. ▶ _____
   ② 그 샘플을 어떤 사람이 가져갔다. ▶ _____
   ③ 승합차를 리 사장이 몰고 갔다. ▶ _____
   ④ 리 사장이 승합차를 몰고 갔다. ▶ _____

3 비교문 A 和/跟 B 一样

'A和/跟B 一样'은 A와 B가 동일함을 나타냅니다. '一样' 뒤에 첨가 성분이 오면 그 성분의 정도가 같음을 의미합니다. 부정문은 'A和/跟B 不一样'으로 씁니다.

这个产品和那个产品一样。
Zhège chǎnpǐn hé nàge chǎnpǐn yíyàng.

这个产品和那个产品一样贵。
Zhège chǎnpǐn hé nàge chǎnpǐn yíyàng guì.

这个工厂和那个工厂一样大。
Zhège gōngchǎng hé nàge gōngchǎng yíyàng dà.

这次报告的内容和上次报告的不一样。
Zhè cì bàogào de nèiróng hé shàng cì bàogào de bù yíyàng.

工厂 gōngchǎng 명 공장

4 부사 反正

부사 '反正'은 '어차피', '결국' 등의 의미로 어떤 상황에서도 결론이나 결과가 변하지 않음을 강조합니다.

反正不远，咱们就走着去吧！
Fǎnzhèng bù yuǎn, zánmen jiù zǒuzhe qù ba!

反正得去一个人，就让我去吧！
Fǎnzhèng děi qù yí ge rén, jiù ràng wǒ qù ba!

信不信由你，反正我不信。
Xìn bu xìn yóu nǐ, fǎnzhèng wǒ bú xìn.

反正我不喜欢这种产品。
Fǎnzhèng wǒ bù xǐhuan zhè zhǒng chǎnpǐn.

3. ① 이 상품은 저 상품과 같다. ▶ _____

② 이 상품은 저 상품과 똑같이 비싸다. ▶ _____

③ 이 공장은 저 공장과 크기가 같다. ▶ _____

④ 이번 보고서의 내용이 저번 보고서의 내용과 다르다. ▶ _____

4. ① 어차피 멀지 않은데 우리 걸어서 갑시다! ▶ _____

② 결국 한 사람이 가야 하니 그냥 제가 갈게요! ▶ _____

③ 믿고 안 믿고는 당신에게 달렸지만 어쨌든 저는 안 믿어요. ▶ _____

④ 어쨌든 저는 이 상품이 싫어요. ▶ _____

종합 연습

1 녹음을 듣고 대화 내용과 일치하는 것을 고르세요. 🎧 01-11

A B C

(1) (　　　　　)　　　　　　　　(2) (　　　　　)

2 녹음을 듣고 질문에 알맞은 답을 고르세요. 🎧 01-12

(1) A 周四下午　　　B 周五上午　　　C 周五下午

(2) A 两人座　　　　B 四人座　　　　C 九人座

3 주어진 단어를 사용하여 빈칸을 채우세요.

> **보기**　　迟到　　　商量　　　叫　　　不一样　　　广告设计

미스터 까오에게 새 광고 디자인에 대해 설명한다.

A　高先生，不好意思，我＿＿＿＿＿了。
　　出发的时候才知道车＿＿＿＿＿别人开走了。

B　没关系。我也才到。

A　这是我们新的＿＿＿＿＿，给您。
　　有黄色标志的部分是想和您＿＿＿＿＿的地方。

B　好，有红色标志的部分呢？

A　那些是有变化的，和上周的文件＿＿＿＿＿的地方。

B　好的，变化挺大的，我得好好看看。

4 주어진 단어를 알맞은 순서로 배열하여 문장을 완성하세요.

(1) 我　好　过得　不太　今天　。

▶ _____

(2) 不但　非常不舒服　工作上　而且　身体还　出问题　，　。

▶ _____

(3) 自己　我　发烧　觉得　有点儿　。

▶ _____

5 괄호 안의 단어를 넣어 연습한 후, 자유롭게 교체하여 대화해 보세요.

(1) A _____让我们用坏了。能不能借你们的用一下？（打印机）

　　B 可以，你下来拿吧。

(2) A 高先生，不好意思，我迟到了。

　　　出发的时候才知道_____。（车叫别人开走了）

　　B 没关系。我也才到。

6 제시된 표현을 사용하여 다음 주제와 상황에 맞게 말해 보세요.

> 주제 광고 시안 점검 받기
>
> 상황 당신은 막 광고 디자인을 수정 후 완성하였습니다. 고객에게 광고 디자인의
> 특징과 수정 사항에 대해 간단히 설명해 보세요.
>
> 표현 红色标志　　黄色标志　　商量　　满意　　变化

Shǒuxù hěn jiǎndān.

手续很简单。

| 수속이 매우 간단합니다.

비자 수속하는 것이
번거롭나요?

그렇지 않아요. 수속이
매우 간단해요.

학습 목표 □ 은행 업무 및 비자 발급과 관련된 표현을 할 수 있다.

학습 내용 □ 은행 관련 어휘 □ 중국 비자 종류 □ 先……再……
□ 有的……有的……

STEP 1 이번 과의 주제와 관련된 단어를 따라 읽어 보세요.   🎧 02-01

手续
shǒuxù
수속, 절차

账号
zhànghào
계좌 번호

签证
qiānzhèng
비자

STEP 2 이번 과의 핵심 문장을 발음과 억양에 유의하여 따라 읽어 보세요.   🎧 02-02

1 您的手续已经办理好了。   ☑ ☐ ☐

Nín de shǒuxù yǐjīng bànlǐ hǎo le.

2 告诉他们您的账号就可以了。   ☑ ☐ ☐

Gàosu tāmen nín de zhànghào jiù kěyǐ le.

3 你有不清楚的地方可以再问我。   ☑ ☐ ☐

Nǐ yǒu bù qīngchu de dìfang kěyǐ zài wèn wǒ.

😊 계좌 개설

 🎧 02-03

Xiānsheng, nín de shǒuxù yǐjīng bànlǐ hǎo le.

A 先生，您的手续已经办理好了。

Shénme shíhou kěyǐ shōudào xìnyòngkǎ ne?

B 什么时候可以收到信用卡呢？

Nín kě dǎ diànhuà wèn yíxià, diànhuà shì sì líng líng liù liù jiǔ wǔ wǔ liù liù.

A 您可打电话问一下，电话是 400-66-95566。

Nín hái yào bàn bié de ma?

您还要办别的吗？

Duì, biérén yào gěi wǒ dǎ qián, zhíjiē gàosu tāmen zhànghào, jiù kěyǐ le ma?

B 对，别人要给我打钱，直接告诉他们账号，就可以了吗？

Shì de, gàosu tāmen nín de zhànghào jiù kěyǐ le.

A 是的，告诉他们您的账号就可以了。

Hǎo, xièxie.

B 好，谢谢。

🎧 02-04

New Words ·办理 bànlǐ 통 처리하다 ·账号 zhànghào 명 계좌 번호

😊 세금 내기

 🎧 02-05

Nǐ néng bu néng bāng wǒ qù gěi gōngsī jiāo shuì?

A 你能不能帮我去给公司交税？

Wǒ yìzhí méi shíjiān qù, rúguǒ guòle shíwǔ hào, jiù bù néng jiāo le.

我一直没时间去，如果过了15号，就不能交了。

Wǒ méi jiāoguo, zěnme bàn?

B 我没交过，怎么办？

Méi guānxi, wǒ quánbù zhǔnbèi hǎo le, fàngzài Xiǎo Qián nàr, shénme dōu bù quē.

A 没关系，我全部准备好了，放在小钱那儿，什么都不缺。

Nǐ zhíjiē qù jiāo jiù kěyǐ.

你直接去交就可以。

Hǎo de, wǒ qù zhǎo tā.　　Bù qīngchu de zài dǎ diànhuà wèn nǐ.

B 好的，我去找她。不清楚的再打电话问你。

🎧 02-06

• **税** shuì 몡 세금 • **全部** quánbù 몡 전부 • **缺** quē 동 부족하다

😊 비자 발급

 🎧 02-07

Xiǎo Wén, Wǒ dǎsuàn fàngjià qù lǚyóu,　　xiǎng zìjǐ bàn qiānzhèng, máfan ma?

A 小文，我打算放假去旅游，想自己办签证，麻烦吗？

Bù máfan,　　shǒuxù hěn jiǎndān, dànshì yídìng yào dàihǎo xūyào de dōngxi.

B 不麻烦，手续很简单，但是一定要带好需要的东西。

Nǐ shàngwǎng chá yíxià, měi ge guójiā de yāoqiú dōu bú tài yíyàng.

你上网查一下，每个国家的要求都不太一样。

Hǎo,　　wǒ zhīdào le.　　Xièxie!

A 好，我知道了。谢谢！

Hái yǒu,　　rúguǒ shì qù Měiguó、　　Rìběn zhèxiē guójiā,　　yào tíqián yùyuē!

B 还有，如果是去美国、日本这些国家，要提前预约！

Kěyǐ shàngwǎng yùyuē ma?

A 可以上网预约吗？

kěyǐ.　　Nǐ yǒu bù qīngchu de dìfang kěyǐ zài wèn wǒ.

B 可以。你有不清楚的地方可以再问我。

🎧 02-08

• **签证** qiānzhèng 몡 비자 • **预约** yùyuē 동 예약하다 • **上网** shàngwǎng 동 인터넷에 접속하다

회화 연습

STEP 1 알맞게 연결하여 대화를 연습해 보세요.

1 先生，您的手续已经办理好了。 ·

· 可以。你有不清楚的地方可以再问我。

2 别人要给我打钱，直接告诉他们账号，就可以了吗？ ·

· 什么时候可以收到信用卡呢？

3 可以上网预约吗？ ·

· 是的，告诉他们您的账号就可以了。

STEP 2 제시된 단어로 바꾸어 연습해 보세요. 🎧 02-09

1 告诉他们账号就可以了。

他 / 护照号码　　　　　　　　我 / 手机号码
银行职员 / 公司的纳税号码

🔔 纳税 nàshuì 동 세금을 내다

2 如果过了15号，就不能交了。

通过了 / 能拿到签证　　　　　提前交了 / 能受到优惠
收到信用卡了 / 能直接使用

🔔 使用 shǐyòng 동명 사용(하다)

3 我全部都准备好了。

办商务卡需要的东西 / 在桌子上
这家购物中心的饮料 / 有优惠
简历 / 让经理拿走了

4 <u>签证</u>的手续<u>很简单</u>。

出国 / 不 / 难办　　交税 / 有点儿 / 麻烦　　办信用卡 / 非常 / 方便

5 一定要<u>带好需要的东西</u>。

问 / 清楚 / 不知道的地方　　准备 / 好 / 交税资料　　办 / 好 / 信用卡

6 你有<u>不清楚的地方</u>可以<u>再问我</u>。

什么问题 / 问 / 王经理　　交税单 / 给 / 高小姐
会议记录 / 交给 / 王秘书

(《🔔》) **交税单** jiāo shuì dān 명 세금 계산서

STEP 3 제시된 상황의 절차나 수속에 따라 알맞은 문장을 말해 보세요.

1

▶ _____

2

▶ _____

😊 비자 발급에 대하여

Xiànzài bànlǐ qiānzhèng de shǒuxù hěn jiǎndān. Kěyǐ qǐng lǚxíngshè bàn,
现在办理签证的手续很简单。可以请旅行社办，

yě kěyǐ zìjǐ bàn, wǒ jiù xǐhuan zìjǐ bàn. Xiān shàngwǎng yùyuē bànlǐ shíjiān,
也可以自己办，我就喜欢自己办。先上网预约办理时间，

zài gēnjù yāoqiú dàizhe hùzhào、 zhàopiàn shénme de guòqu. Bànlǐ de shíhou,
再根据要求带着护照、照片什么的过去。办理的时候，

xiān tián biǎo, zài hé qiānzhèngguān miànqiān. Rúguǒ tōngguò le, zài qù dàshǐguǎn
先填表，再和签证官面签。如果通过了，再去大使馆

bàn shǒuxù jiù néng nádào qiānzhèng le. Bùtóng guójiā bàn qiānzhèng de shíjiān
办手续就能拿到签证了。不同国家办签证的时间

shì bù yíyàng de, yǒu de guójiā cháng, yǒu de guójiā duǎn, yìbān shíwǔ ge
是不一样的，有的国家长，有的国家短，一般十五个

gōngzuòrì kěyǐ bànhǎo. Bùtóng guójiā qiānzhèng de fèiyong yě shì bù yíyàng de,
工作日可以办好。不同国家签证的费用也是不一样的，

yǒu de guójiā miǎnfèi, yǒu de guójiā jiù bǐjiào guì.
有的国家免费，有的国家就比较贵。

💬 Speaking Training

1. 빈칸을 자유롭게 채워 말해 보세요.

不同国家办签证的时间是_____的，_____国家
长，_____国家短，_____十五个工作日可以办好。

🎧 02-11

New Words
- **旅行社** lǚxíngshè 몡 여행사 ・ **根据** gēnjù 깨 ~에 근거하여
- **面签** miànqiān 동 비자 인터뷰를 하다 ・ **通过** tōngguò 동 통과하다
- **一般** yìbān 형 보통이다, 일반적이다 ・ **免费** miǎnfèi 동 무료로 하다

STEP 1 다음 문장과 본문 내용이 일치하면 V, 틀리면 X를 표시하고, 바르게 고쳐 말해 보세요.

1 现在办理签证的手续很简单。 ☐

▶ _____

2 办理的时候，先和签证官面签，再填表。 ☐

▶ _____

3 不同国家办签证的时间是不一样的。 ☐

▶ _____

STEP 2 다음 질문에 답해 보세요.

1 除了自己办以外，请谁来办理签证？

▶ _____

2 如果所有的手续通过了，在哪儿拿到签证？

▶ _____

3 不同国家办签证的费用怎么样？

▶ _____

1 은행 관련 어휘

알아 두면 유용한 은행 관련 어휘는 다음과 같습니다.

입금하다	출금하다	출금하다	이체하다
存款 cúnkuǎn	提款 tí kuǎn	取款 qǔ kuǎn	转账 zhuǎnzhàng
통장	**계좌**	**환전하다**	**현금 자동 지급기**
存折 cúnzhé	账户 zhànghù	换钱 huànqián	自动取款机 zìdòng qǔkuǎnjī
대출하다	**이자**	**인터넷 뱅킹 서비스**	**모바일 뱅킹 서비스**
贷款 dàikuǎn	利息 lìxī	网上银行服务 wǎngshàng yínháng fúwù	手机银行服务 shǒujī yínháng fúwù

2 중국 비자 종류

외국인이 중국에 갈 때 발급받는 비자 종류는 다음과 같습니다. 일반적으로 한어병음의 앞 글자로 비자의 이름을 유추할 수 있습니다. (예: 관광 비자(L비자)는 旅游[lǚyóu]의 한어병음 앞 글자 L 사용, 방문 비자(F비자)는 访问[fǎngwèn]의 한어병음 앞 글자 F 사용)

L비자(L字签证)	旅游签证 lǚyóu qiānzhèng	관광 비자
F비자(F字签证)	交流 jiāoliú、访问 fǎngwèn、 考察签证 kǎochá qiānzhèng	교류, 방문, 시찰 비자
M비자(M字签证)	商业贸易签证 shāngyè màoyì qiānzhèng	비즈니스, 무역 비자
X비자(X字签证)	学习签证 xuéxí qiānzhèng	학생 비자
Z비자(Z字签证)	工作签证 gōngzuò qiānzhèng	취업 비자
G비자(G字签证)	过境签证 guòjìng qiānzhèng	경유 비자
J비자(J字签证)	记者签证 jìzhě qiānzhèng	언론 비자
C비자(C字签证)	乘务 chéngwù、 机组人员 jīzǔ rényuán、 海员签证 hǎiyuán qiānzhèng	승무원 비자
D비자(D字签证)	定居签证 dìngjū qiānzhèng	영구 체류 비자
Q비자(Q字签证)	探亲签证 tànqīn qiānzhèng	중국인 친척 방문 비자
S비자(S字签证)	探亲 tànqīn、 私人事务签证 sīrén shìwù qiānzhèng	외국인 친척 방문 및 개인 사무 비자
R비자(R字签证)	高层次人才和专门人才签证 gāo céngcì réncái hé zhuānmén réncái qiānzhèng	고위 인사 및 인재 초빙 비자

※일부 비자의 세부 구분은 하지 않았습니다.

3 先……再……

'先……再……'는 '先……然后……'처럼 동작의 순서를 나타내는 데 사용됩니다. 두 동작 이상일 때는 일반적으로 '先……，再……，然后……，最后……'로 순서를 표시할 수 있습니다.

我们先在北京停留几天，再去上海。
Wǒmen xiān zài Běijīng tíngliú jǐ tiān, zài qù Shànghǎi.

回到家里，要先写作业，然后再看电视。
Huídào jiālǐ, yào xiān xiě zuòyè, ránhòu zài kàn diànshì.

早上，我先穿衣，再刷牙，然后再洗脸，最后再吃早饭。
Zǎoshang, wǒ xiān chuān yī, zài shuā yá, ránhòu zài xǐ liǎn, zuìhòu zài chī zǎofàn.

我回家后，先吃饭，再做作业，然后复习，最后洗漱睡觉。
Wǒ huí jiā hòu, xiān chī fàn, zài zuò zuòyè, ránhòu fùxí, zuìhòu xǐshù shuìjiào.

停留 tíngliú 통 (잠시) 머물다 | 洗漱 xǐshù 통 세수하고 양치질하다

4 有的……有的……

'有的'는 '어떤 것' 또는 '어떤 사람'이란 뜻으로 보통 반복적으로 쓰여서 비교를 통해 전체 상황을 묘사하는 데 사용됩니다.

园里的花，有的红，有的白。
Yuán lǐ de huā, yǒu de hóng, yǒu de bái.

有的看报，有的喝咖啡。
Yǒu de kàn bào, yǒu de hē kāfēi.

有的这样说，有的那样说。
Yǒu de zhèyàng shuō, yǒu de nàyàng shuō.

有的去工厂，有的去银行。
Yǒu de qù gōngchǎng, yǒu de qù yínháng.

Quiz 이번 과에서 배운 내용을 바탕으로 중국어로 써 보세요.

3. ① 우리는 먼저 베이징에서 며칠 머무르고 다시 상하이로 간다. ▶ _____

② 집에 와서 먼저 숙제를 하고 난 다음 텔레비전을 본다. ▶ _____

③ 아침에 나는 먼저 옷을 입고 이를 닦은 다음 세수를 하고 나서 밥을 먹는다. ▶ _____

④ 나는 집에 와서 먼저 밥을 먹고 숙제를 한 다음 복습을 하고 마지막에 양치와 세수를 하고 잠을 잔다. ▶ _____

4. ① 화원의 꽃이 어떤 것은 붉고, 어떤 것은 희다. ▶ _____

② 어떤 사람은 이렇게 말하고 또 다른 사람은 저렇게 말한다. ▶ _____

③ 어떤 이는 신문을 보고, 어떤 이는 커피를 마신다. ▶ _____

④ 어떤 사람은 공장에 가고, 어떤 사람은 은행에 간다. ▶ _____

종합 연습

1 녹음을 듣고 대화 내용과 일치하는 것을 고르세요. 🎧 02-12

(1) (　　　　)　　　　　　(2) (　　　　)

2 녹음을 듣고 질문에 알맞은 답을 고르세요. 🎧 02-13

(1) **A** 不知道　　　**B** 小钱那儿　　　**C** 银行

(2) **A** 旅行社　　　**B** 网上　　　**C** 大使馆

3 주어진 단어를 사용하여 빈칸을 채우세요.

> 보기　　时间　　　可以　　　给　　　不清楚　　　准备好

동료에게 회사 세금 납부를 부탁하고 있다.

A 你能不能帮我去_____公司交税?

我一直没_____去，如果过了15号，就不能交了。

B 我没交过，怎么办?

A 没关系，我全部_____了，放在小钱那儿，什么都不缺。

你直接去交就_____。

B 好的，我去找她。_____的再打电话问你。

4 주어진 단어를 알맞은 순서로 배열하여 문장을 완성하세요.

(1) 现在　很简单　签证的　手续　办理　。

▶ _____

(2) 照片　根据　护照　带着　什么的　过去　要求　、　。

▶ _____

(3) 不一样的　费用　不同国家　签证的　也是　。

▶ _____

5 괄호 안의 단어를 넣어 연습한 후, 자유롭게 교체하여 대화해 보세요.

(1) A　我没____过，怎么办？（交）

　　B　没关系，我全部准备好了，_____。
　　　　（放在小钱那儿，什么都不缺）

(2) A　别人要给我_____，直接告诉他们_____，就可以了吗？
　　　　（打钱/账号）

　　B　是的。

6 제시된 표현을 사용하여 다음 주제와 상황에 맞게 말해 보세요.

주제　인터넷 쇼핑

상황　중국인 친구가 한국에서 인터넷 쇼핑을 하려고 합니다. 사이트를 추천하고
　　　결제 방식에 대해 설명해 주세요.

표현　上网　账号　现金　信用卡

Yùdìng huìyì zhōngxīn

预订会议中心

| 회의 센터 예약하기

무엇을 도와
드릴까요?

내일 회의실 하나를
예약하려고 합니다.

학습 목표 □ 회의 센터 및 호텔 예약 업무를 할 수 있다.

학습 내용 □ 另外 □ 通过 □ 중국 음식 관련 어휘

STEP 1 이번 과의 주제와 관련된 단어를 따라 읽어 보세요. 🎧 03-01

会议室
huìyìshì
회의실

自助餐
zìzhùcān
뷔페

标准
biāozhǔn
표준, 기준

STEP 2 이번 과의 핵심 문장을 발음과 억양에 유의하여 따라 읽어 보세요. 🎧 03-02

1 明天我需要订一个会议室。 ☑ ☐ ☐
Míngtiān wǒ xūyào dìng yí ge huìyìshì.

2 中午安排了自助餐。 ☑ ☐ ☐
Zhōngwǔ ānpáile zìzhùcān.

3 请问有什么可以帮到您? ☑ ☐ ☐
Qǐngwèn yǒu shénme kěyǐ bāngdào nín?

😊 회의실 예약

A
Wéi, nín hǎo!　Běijīng guójì huìyì zhōngxīn. Qǐngwèn yǒu shénme kěyǐ bāng nín de?
喂，您好！北京国际会议中心。请问有什么可以帮您的？

B
Nín hǎo! Wǒ shì CTI gōngsī de Wáng Xīng. Míngtiān wǒ xūyào dìng yí ge huìyìshì, dàgài
您好！我是CTI公司的王兴。明天我需要订一个会议室，大概
wǔshí ge rén, cóng shàngwǔ bā diǎn dào xiàwǔ liù diǎn, nǐmen hái yǒu kōng de huìyìshì ma?
50个人，从上午8点到下午6点，你们还有空的会议室吗？

A
Yǒu, xiānsheng. Huìyìshì měi xiǎoshí sìbǎi yuán, nín kàn xíng ma?
有，先生。会议室每小时400元，您看行吗？

B
Guì le yìdiǎnr,　néng yōuhuì yìxiē ma?
贵了一点儿，能优惠一些吗？

A
Duìbuqǐ,　xiānsheng, zhè shì zuì dījià le.
对不起，先生，这是最低价了。

B
Hǎo, nà jiù dìng míngtiān ba.
好，那就订明天吧。

A
Xíng, cóng shàngwǔ bā diǎn dào xiàwǔ liù diǎn, bāng nín dìnghǎo le.
行，从上午8点到下午6点，帮您订好了。

🎧 03-04

New Words ● 国际 guójì 몡 국제 ● 空 kōng 혱 비다

😊 회의 일정 준비하기

A
Zhāng jīnglǐ, huìyì zhōngxīn wǒ yǐjīng dìnghǎo le.
张经理，会议中心我已经订好了。

B
Zhème kuài jiù dìnghǎo le.　Lí gōngsī yuǎn ma?
这么快就订好了。离公司远吗？

A
Bù yuǎn, kāichē shí fēnzhōng jiù dào le, jiāotōng hěn fāngbiàn.
不远，开车十分钟就到了，交通很方便。

B
Búcuò. Zhōngwǔ kèrén chī fàn de wèntí zěnme jiějué?
不错。中午客人吃饭的问题怎么解决？

A
Zhōngwǔ ānpáile zìzhùcān, shì ànzhào měi ge rén yìbǎi yuán de biāozhǔn zhǔnbèi de.
中午安排了自助餐，是按照每个人100元的标准准备的。

B
Kěyǐ, lìngwài, kāiwán huì hòu jǔbàn de huódòng yě yào tíqián ānpái hǎo.
可以，另外，开完会后举办的活动也要提前安排好。

A
Quánbù dōu ānpái hǎo le.
全部都安排好了。

🎧 03-06

😊 **호텔 예약 날짜 바꾸기**

 따라 읽기 1 / 2 / 3   🎧 03-07

A
Nín hǎo! Chūntiān jiǔdiàn, qǐngwèn yǒu shénme kěyǐ bāngdào nín?
您好！春天酒店，请问有什么可以帮到您？

B
Nín hǎo! Zuótiān wǒ zài nǐmen jiǔdiàn dìngle yí ge biāozhǔnjiān,
您好！昨天我在你们酒店订了一个标准间，
wǒ bǎ rìqī shuōcuò le, néng huàn ma?
我把日期说错了，能换吗？

A
Néng gàosu wǒ nín de xìngmíng ma? Wǒ bāng nín kàn yíxià.
能告诉我您的姓名吗？我帮您看一下。

B
Wǒ jiào Zhōu Yuè, dìng de shì èr yuè shí hào de.
我叫周月，订的是2月10号的。
Qǐng bāng wǒ huàndào èr yuè shíyī hào.
请帮我换到2月11号。

A
Hǎo de, bāng nín huànhǎo le.
好的，帮您换好了。

B
xièxie nín!
谢谢您！

🎧 03-08

회화 연습

STEP 1 알맞게 연결하여 대화를 연습해 보세요.

1 我把日期说错了，能换吗？　　　　　　　　· 不远，开车十分钟就到了，交通很方便。

2 贵了一点儿，能优惠一些吗？　　　　　　　· 能告诉我您的姓名吗？我帮您看一下。

3 离公司远吗？　　　　　　　　　　　　　· 对不起，先生，这是最低价了。

STEP 2 제시된 단어로 바꾸어 연습해 보세요.　　　　　　　🎧 03-09

1 空房间

| 箱子 | 桌子 | 办公室 |

2 从星期一到星期五，我们的营业时间都是早上八点到下午五点。

西安 / 南京 / 坐飞机只用两个小时
设计 / 生产 / 王经理都要负责
南 / 北 / 我们的产品很有市场

3 开车十分钟就到了。

走路 / 十五分钟　　　坐出租车 / 五分钟　　　骑自行车 / 三十分钟

4 请按照<u>五十个人</u>来安排。

普通员工	经理的要求	两百元的标准

 普通 pǔtōng 형 보통이다

5 举办<u>会议</u>

活动	聚会	运动会

6 订的是<u>2月10号</u>的，请帮我换到<u>2月11号</u>。

3月5号 / 3月6号	一点 / 一点半

STEP 3 제시된 상황의 예약 방법을 알맞은 문장으로 말해 보세요.

1

▶ _____

2

▶ _____

😊 **회의 준비 과정에 대하여**

 🎧 03-10

Wǒ lái hé nǐ shuōshuo zěnme ānpái huìyì ba. Xiān yào liǎojiě huìyì shíjiān、

我来和你说说怎么安排会议吧。先要了解会议时间、

rénshù, ránhòu tōngguò diànhuà huòzhě wǎngluò de fāngshì yùyuē, hé huìyì zhōngxīn

人数，然后通过电话或者网络的方式预约，和会议中心

de gōngzuò rényuán tánhǎo shíjiān、jiàgé hòu, bǎ yāoqiú gàosu duìfāng, ràng tāmen

的工作人员谈好时间、价格后，把要求告诉对方，让他们

tíqián ānpái.   Zài huìyì kāishǐ qián yì tiān,   yào qù jiǎnchá huìyìshì de ānpái

提前安排。在会议开始前一天，要去检查会议室的安排

qíngkuàng.

情况。

💬 Speaking Training

1. 빈칸을 자유롭게 채워 말해 보세요.

_____要了解会议时间、人数，_____通过电话
或者网络的方式_____，和会议中心的工作人员谈好时
间、价格后，把要求告诉对方，让他们_____安排。

🎧 03-11

New Words ● **通过** tōngguò 개 ~을 통하여 ● **网络** wǎngluò 명 네트워크

단문 **연습**

STEP 1 다음 문장과 본문 내용이 일치하면 V, 틀리면 X를 표시하고, 바르게 고쳐 말해 보세요.

1 安排会议的时候，要和会议中心的工作人员谈好会议内容。 ☐

　▶ _____

2 先要了解会议时间、人数，然后通过电话或者网络的
　方式预约。 ☐

　▶ _____

3 在会议开始前一天，要去检查会议室的安排情况。 ☐

　▶ _____

STEP 2 다음 질문에 답해 보세요.

1 安排会议的时候，先要了解什么?

　▶ _____

2 一般通过什么样的方式预约会议室?

　▶ _____

3 会议开始前一天要做什么?

　▶ _____

정리하기

1 另外

접속사, 부사나 대사로 쓰여 '그 밖에', '이 외에'의 뜻으로 앞에서 말한 것 외의 것을 나타냅니다.

另外，我还在英语演讲比赛中多次获奖。
Lìngwài, wǒ hái zài Yīngyǔ yǎnjiǎng bǐsài zhōng duō cì huò jiǎng.

另外，上次的货款已经收到了。
Lìngwài, shàng cì de huòkuǎn yǐjīng shōudào le.

别着急，我另外送你一个。
Bié zháojí, wǒ lìngwài sòng nǐ yí gè.

你先别走，我还要跟你说另外一件事。
Nǐ xiān bié zǒu, wǒ hái yào gēn nǐ shuō lìngwài yí jiàn shì.

🔔 **演讲** yǎnjiǎng 동 연설하다 | **获奖** huò jiǎng 동 상을 받다 | **货款** huòkuǎn 명 물건 대금

2 通过

주어 앞에 쓰여 동작의 수단을 나타냅니다.

通过不同的渠道了解情况。
Tōngguò bùtóng de qúdào liǎojiě qíngkuàng.

通过李经理介绍，我认识了他。
Tōngguò Lǐ jīnglǐ jièshào, wǒ rènshile tā.

通过科学实验，科学家们揭开了自然界的许多奥秘。
Tōngguò kēxué shíyàn, kēxuéjiāmen jiēkāile zìránjiè de xǔduō àomì.

通过自己努力，考试得了100分。
Tōngguò zìjǐ nǔlì, kǎoshì déle yìbǎi fēn.

🔔 **渠道** qúdào 명 방법, 경로 | **实验** shíyàn 명 실험 | **揭开** jiēkāi 동 벗기다, 드러내다 | **奥秘** àomì 명 신비

💡 Quiz   이번 과에서 배운 내용을 바탕으로 중국어로 써 보세요.

1. ① 그 밖에도 나는 영어 말하기 대회에서 몇 차례 수상했다. ▶ _____

   ② 이 외에 저번 물건 대금은 이미 받았습니다. ▶ _____

   ③ 조급해 하지 마세요. 제가 따로 하나 보내 드릴게요. ▶ _____

   ④ 우선 있어 봐요. 제가 아직 다른 일 하나 말할 게 있어요. ▶ _____

2. ① 다른 루트를 통해 상황을 이해한다. ▶ _____

   ② 리 사장의 소개로 나는 그를 알게 되었다. ▶ _____

   ③ 과학 실험을 통해 과학자들은 자연계의 수많은 비밀을 풀어냈다. ▶ _____

   ④ 자신의 노력으로 시험에서 100점을 맞았다. ▶ _____

3 중국 음식 관련 어휘

회의 센터에서 회사 간 회의를 진행할 때 회의 센터의 뷔페 등 식사를 예약하기도 합니다.
중국 사람들이 자주 먹는 음식과 중국의 5대 요리를 사진과 함께 알아봅시다.

볶음밥	죽	만두
炒饭	粥	饺子
chǎofàn	zhōu	jiǎozi

만두(소가 든 찐빵)	훈툰	여우티아오
包子	馄饨	油条
bāozi	húntun	yóutiáo

떠우장	베이징 요리	상하이 요리
豆浆	京菜	沪菜
dòujiāng	jīngcài	hùcài

사천 요리	산동 요리	광동 요리
川菜	鲁菜	粤菜
chuāncài	lǔcài	yuècài

종합 연습

1 녹음을 듣고 대화 내용과 일치하는 것을 고르세요. 🎧 03-12

(1) (   )   (2) (   )

2 녹음을 듣고 질문에 알맞은 답을 고르세요. 🎧 03-13

(1) **A** 400元   **B** 800元   **C** 900元

(2) **A** 2月9号   **B** 2月10号   **C** 2月11号

3 주어진 단어를 사용하여 빈칸을 채우세요.

> 보기   自助餐   十分钟   好   100元   举办

장 사장에게 회의 준비 상황을 보고한다.

A 张经理，会议中心我已经订好了。

B 这么快就订_____了。离公司远吗？

A 不远，开车_____就到了，交通很方便。

B 不错。中午客人吃饭的问题怎么解决？

A 中午安排了_____，是按照每个人_____的标准准备的。

B 可以，另外，开完会后_____的活动也要提前安排好。

A 全部都安排好了。

4 주어진 단어를 알맞은 순서로 배열하여 문장을 완성하세요.

(1) 一个   昨天   我   标准间   在   订了   你们酒店   。

▶ _____

(2) 我   一下   看   帮您   。

▶ _____

(3) 说说   我来   会议吧   怎么   安排   和你   。

▶ _____

5 괄호 안의 단어를 넣어 연습한 후, 자유롭게 교체하여 대화해 보세요.

(1) A 明天我需要订一个会议室，大概_____，从_____到_____，
     你们还有空的会议室吗？(50个人/上午8点/下午6点)

   B 有，先生。会议室每小时400元。

(2) A 我叫周月，订的是_____的。请帮我换到_____。
     (2月10号/ 2月11号)

   B 好的，帮您换好了。

6 제시된 표현을 사용하여 다음 주제와 상황에 맞게 말해 보세요.

> 주제 회의실 예약하기
>
> 상황 내일 회의를 열 대형 회의실을 예약해야 합니다. 시간과 인원수를 고려해 예
> 약해 보세요.
>
> 표현 空   会议室   打印机   X点   X个人

Wǒmen shì yì jiā dà qǐyè.

我们是一家大企业。

| 우리는 대기업입니다.

졸업 후 대기업으로 가셨다고 들었어요.

네, 국제 여행사예요.

준비하기

STEP 1 이번 과의 주제와 관련된 단어를 따라 읽어 보세요. 🎧 04-01

导游
dǎoyóu
관광 안내원, 가이드

旅行社
lǚxíngshè
여행사

广告
guǎnggào
광고

STEP 2 이번 과의 핵심 문장을 발음과 억양에 유의하여 따라 읽어 보세요. 🎧 04-02

1 你的第一份工作怎么样？ ☑ ☐ ☐
Nǐ de dì yī fèn gōngzuò zěnmeyàng?

2 你们公司现在已经是世界第三大旅行社了。 ☑ ☐ ☐
Nǐmen gōngsī xiànzài yǐjīng shì shìjiè dì sān dà lǚxíngshè le.

3 我们公司的主要业务是广告。 ☑ ☐ ☐
Wǒmen gōngsī de zhǔyào yèwù shì guǎnggào.

🙂 직장 만족도

🎧 04-03

Xiǎo Lǐ, nǐ de dì yī fèn gōngzuò zěnmeyàng? Hái mǎnyì ma?

A 小李，你的第一份工作怎么样？还满意吗？

Tǐng mǎnyì de, wǒmen gōngsī hěn guānxīn xīn yuángōng.

B 挺满意的，我们公司很关心新员工。

Nà jiù hǎo. Wǒ yě zài Běijīng zhǎodàole shìhé zìjǐ de gōngzuò.

A 那就好。我也在北京找到了适合自己的工作。

Wǒ tīngshuō le, nǐ bìyè hòu qùle yì jiā dà qǐyè.

B 我听说了，你毕业后去了一家大企业。

Duì, shì yì jiā guójì lǚxíngshè, wǒ shì ge dǎoyóu.

A 对，是一家国际旅行社，我是个导游。

Wǒ yě shì, méi xiǎngdào wǒmen de gōngzuò yě yíyàng!

B 我也是，没想到我们的工作也一样！

🎧 04-04

> **New Words**
> • 关心 guānxīn 통 관심을 갖다 • 适合 shìhé 통 적합하다 • 毕业 bìyè 통 졸업하다
> • 企业 qǐyè 명 기업 • 导游 dǎoyóu 명 가이드

🙂 회사의 성장

🎧 04-05

Lǐ zǒng, hǎojiǔ bú jiàn, zǒng tīng Wáng jīnglǐ shuō nǐmen gōngsī zuìjìn fāzhǎn de hěn búcuò.

A 李总，好久不见，总听王经理说你们公司最近发展得很不错。

Méiyǒu nǐmen gōngsī hǎo ne!

B 没有你们公司好呢！

Nǐmen gōngsī xiànzài yǐjīng shì shìjiè dì sān dà lǚxíngshè le.

你们公司现在已经是世界第三大旅行社了。

Nǐmen fāzhǎn de yě hěn kuài, jīnnián yǐjīng mǎile dì sān tiáo chuán le.

A 你们发展得也很快，今年已经买了第三条船了。

Nǎlǐ nǎlǐ, xià cì yǒu jīhuì wǒmen yìqǐ hézuò ba!

B 哪里哪里，下次有机会我们一起合作吧！

Méi wèntí, wǒmen zǒng huì yǒu jīhuì hézuò de.

A 没问题，我们总会有机会合作的。

New Words
- **总** zǒng 휑 지도적인 튀 늘, 줄곧, 필경, 결국 ・ **发展** fāzhǎn 동 발전하다
- **世界** shìjiè 명 세계 ・ **船** chuán 명 배 ・ **机会** jīhuì 명 기회 ・ **合作** hézuò 동 협력하다

😊 회사 방문

04-07

Wǒ hěn gāoxìng néng yǒu zhè cì jīhuì fǎngwèn guì gōngsī.

A 我很高兴能有这次机会访问贵公司。

CTI gōngsī de Xiè jīnglǐ xiàng wǒmen jièshàole guì gōngsī.

B CTI公司的谢经理向我们介绍了贵公司。

Zhè cì qǐng nín lái, yě shì xiǎng qǐng nín duō liǎojiě yíxià.

这次请您来，也是想请您多了解一下。

Wǒ gǎn shuō, zhè shì nín zuòchū de zuì zhèngquè de juédìng.

A 我敢说，这是您做出的最正确的决定。

Wǒmen gōngsī de zhǔyào yèwù shì guǎnggào, yǒu duō nián jīngyàn, shì yì jiā shìjiè zhīmíng

B 我们公司的主要业务是广告，有多年经验，是一家世界知名

de qǐyè,　　zhèxiē nín kěnéng dōu yǐjīng liǎojiě le.

的企业，这些您可能都已经了解了。

Wǒ kànguo guì gōngsī zhìzuò de guǎnggào. Zǒng de lái shuō, wǒ duì nǐmen gōngsī de

A 我看过贵公司制作的广告。总的来说，我对你们公司的

yèwù shuǐpíng hěn mǎnyì.

业务水平很满意。

Tài hǎo le,　　xīwàng néng yǔ guì gōngsī jiànlì yèwù guānxi.

B 太好了，希望能与贵公司建立业务关系。

04-08

New Words
- **敢** gǎn 튀 감히 ・ **正确** zhèngquè 휑 정확하다 ・ **决定** juédìng 명동 결정(하다)
- **知名** zhīmíng 휑 유명하다 ・ **制作** zhìzuò 동 제작하다 ・ **总** zǒng 휑 전반적인
- **业务** yèwù 명 업무 ・ **水平** shuǐpíng 명 수준 ・ **建立** jiànlì 동 세우다
- **关系** guānxi 명 관계

STEP 1 알맞게 연결하여 대화를 연습해 보세요.

1 小李，你的第一份工作怎 ·　　　　　· 挺满意的，我们公司
么样？还满意吗？　　　　　　　　　很关心新员工。

2 我听说了，你毕业后去了 ·　　　　　· 太好了，希望能与贵
一家大企业。　　　　　　　　　　　公司建立业务关系。

3 我对你们公司的业务水平 ·　　　　　· 对，是一家国际旅行
很满意。　　　　　　　　　　　　　社，我是个导游。

STEP 2 제시된 단어로 바꾸어 연습해 보세요.　　　　　🎧 04-09

1 <u>李</u>总

张　　　王　　　周

2 没有你们<u>公司好</u>！

国家 / 大　　　　教室 / 宽　　　经理 / 忙

🔔 宽 kuān 형 넓다

3 希望能<u>与贵公司建立业务关系</u>。

您 / 成为 / 合作伙伴　　　　贵方 / 展开 / 实质性的商业合作
你们 / 探讨 / 一些问题

🔔 **成为** chéngwéi 동 ~이 되다 | **伙伴** huǒbàn 명 동료, 동업자 | **展开** zhǎnkāi 동 펼치다 |
实质 shízhì 명 실질 | **探讨** tàntǎo 동 연구 토론하다

4 他敢说出自己的意见。

没有人 / 这样说　　你怎么 / 这样和他说话　　她怎么 / 做这种事

5 总的来说，我对你们公司很满意。

这周的天气很好　　公司很关心我们员工　　这本小说很有意思

(((♩))) 小说 xiǎoshuō 圐 소설

6 你们的员工总这么负责。

他们 / 在星期六聚会　　　　小王 / 在下班后跑步
小文 / 能做出一个好的设计

STEP 3　다음 상품이나 상품을 만든 회사에 대해 설명해 보세요.

1

▶ _____

2

▶ _____

😊 성장하는 회사의 조건

 🎧 04-10

Wǒ shì ge gǎn xiǎng gǎn zuò de rén, suǒyǐ bìyè hòu, wǒ zhǎole yí fèn
我是个敢想敢做的人，所以毕业后，我找了一份

chǎnpǐn shèjì de gōngzuò. Wǒmen gōngsī shì yì jiā dà qǐyè, zǒng gōngsī zài
产品设计的工作。我们公司是一家大企业，总公司在

Běijīng, yígòng yǒu yíwàn duō míng yuángōng. Wǒmen gōngsī fāzhǎn hěn kuài,
北京，一共有一万多名员工。我们公司发展很快，

jǐ nián shíjiān, jiù zài shìjiè shang duō ge guójiā dōu shèlìle fēn gōngsī. Gōngsī
几年时间，就在世界上多个国家都设立了分公司。公司

de gōngchǎng hěn dà, shēngchǎn de chǎnpǐn hěn shòu rénmen huānyíng, zhǔyào
的工厂很大，生产的产品很受人们欢迎，主要

yuányīn shì qǐyè de yuángōng duì gōngzuò hěn fùzé, tāmen guānxīn qǐyè de fāzhǎn,
原因是企业的员工对工作很负责，他们关心企业的发展，

shèjì de chǎnpǐn yě néng mǎnzú rénmen de yāoqiú.
设计的产品也能满足人们的要求。

💬 Speaking Training

1. 빈칸을 자유롭게 채워 말해 보세요.

　　我们公司是一家_____，_____公司在北京，一共
有一万多名员工。我们公司_____很快，几年时间，就
在世界上多个国家都_____了_____。

🎧 04-11

New Words ● 设立 shèlì 통 세우다, 설립하다 ● 工厂 gōngchǎng 명 공장

STEP 1 다음 문장과 본문 내용이 일치하면 V, 틀리면 X를 표시하고, 바르게 고쳐 말해 보세요.

1 毕业后，他找了一份产品设计的工作。 ☐

▶ _____

2 他公司是一家中小企业。 ☐

▶ _____

3 他公司的工厂比较小。 ☐

▶ _____

STEP 2 다음 질문에 답해 보세요.

1 他公司发展得怎么样?

▶ _____

2 总公司在哪儿?

▶ _____

3 他公司有多少员工?

▶ _____

정리하기

1 기업 조직 관련 어휘

별개의 법인을 소위 '자회사(subsidiary)'라 하고 별개의 법인이 아닌 하나의 조직 내지 지점은 '지점(branch)'이라 합니다. 별개의 법인인 자회사는 그 법인이 존재하는 국가에 대하여 별도의 납세 의무를 지지만 지점의 경우 본국에 있는 본사의 소득과 합쳐 이에 대한 납세 의무를 지게 되는 점이 차이가 있습니다.

본사	지점	자회사	외자 기업
总公司	分公司	子公司	外企
zǒng gōngsī	fēn gōngsī	zǐ gōngsī	wàiqǐ

2 부사 总

부사 '总'은 부사 '老'처럼 '늘'이라는 뜻과 '毕竟[bìjìng]'처럼 '결국'이란 의미를 나타냅니다.

李经理待人总是那样亲切。
Lǐ jīnglǐ dàirén zǒngshì nàyàng qīnqiè.

他总是能给大家带来那么多欢乐。
Tā zǒngshì néng gěi dàjiā dàilái nàme duō huānlè.

事实总是事实，你总不能歪曲事实。
Shìshí zǒngshì shìshí, nǐ zǒng bù néng wāiqū shìshí.

问题总会解决的。
Wèntí zǒng huì jiějué de.

亲切 qīnqiè 혱 친절하다 | 欢乐 huānlè 혱 즐겁다, 유쾌하다 |
事实 shìshí 몡 사실 | 歪曲 wāiqū 동 왜곡하다

Quiz
이번 과에서 배운 내용을 바탕으로 중국어로 써 보세요.

1. ① 본사 ▶ _____ ② 지점 ▶ _____

   ③ 자회사 ▶ _____ ④ 외자 기업 ▶ _____

2. ① 리 사장님은 사람을 대하는 태도가 늘 저렇게 친절하다. ▶ _____

   ② 그는 늘 모두에게 저렇게 즐거움을 가져다 준다. ▶ _____

   ③ 사실은 사실이다. 당신은 결국 사실을 왜곡할 수 없다. ▶ _____

   ④ 문제는 결국 해결될 것이다. ▶ _____

3 부사 敢

부사 '敢'은 '감히', '대담하게'라는 의미로 사용되며, 단독으로 대답으로 사용할 수도 있습니다.

敢做敢为。
Gǎn zuò gǎn wéi.

这是过去连想都不敢想的事。
Zhè shì guòqù lián xiǎng dōu bù gǎn xiǎng de shì.

他本来不想去，可是又不敢不去。
Tā běnlái bù xiǎng qù, kěshì yòu bù gǎn bú qù.

我没敢让她一个人走。
Wǒ méi gǎn ràng tā yí ge rén zǒu.

🔔 **本来** běnlái 🈺 원래, 본래

4 동사-목적어 호응

중국어에는 동사와 목적어가 고정적으로 호응을 이루며 사용되는 경우가 많습니다. 이 과에 나온 동목 호응 표현을 정리하면 다음과 같습니다.

我们将尽量满足您的要求。
Wǒmen jiāng jǐnliàng mǎnzú nín de yāoqiú.

为什么韩剧在中国这么受欢迎?
Wèi shénme hánjù zài Zhōngguó zhème shòu huānyíng?

我想和他建立亲密关系。
Wǒ xiǎng hé tā jiànlì qīnmì guānxi.

如何做出正确决定?
Rúhé zuòchū zhèngquè juédìng?

🔔 **尽量** jǐnliàng 🈺 가능한 한 | **亲密** qīnmì 🈐 친밀하다

---

3. ① 대담하게 하다. ▶ _____

　② 이것은 이전에는 감히 상상조차 하기 어려웠던 일이다. ▶ _____

　③ 그는 원래 가고 싶지 않았는데 하지만 또 감히 안 갈 수도 없다. ▶ _____

　④ 나는 감히 그녀 혼자 가게 할 수 없었다. ▶ _____

4. ① 우리는 가능한 한 당신의 요구를 만족시킬 것입니다. ▶ _____

　② 왜 한국 드라마가 중국에서 이렇게 환영을 받는 거죠? ▶ _____

　③ 나는 그와 친밀한 관계를 만들고 싶다. ▶ _____

　④ 어떻게 정확한 결정을 내릴 수 있을까요? ▶ _____

종합 연습

1 녹음을 듣고 대화 내용과 일치하는 것을 고르세요. 🎧 04-12

(1) (   )　　　　　　　(2) (   )

2 녹음을 듣고 질문에 알맞은 답을 고르세요. 🎧 04-13

(1) **A** 第一条　　　　**B** 第二条　　　　**C** 第三条

(2) **A** 王经理　　　　**B** 谢经理　　　　**C** 王秘书

3 주어진 단어를 사용하여 빈칸을 채우세요.

> 보기　　合作　　　得　　　买了　　　总　　　没有

리 사장과 회사 상황에 대해 이야기를 나누고 있다.

A 李总，好久不见，总听王经理说你们公司最近发展_____很不错。

B _____你们公司好呢！

你们公司现在已经是世界第三大旅行社了。

A 你们发展得也很快，今年已经_____第三条船了。

B 哪里哪里，下次有机会我们一起_____吧！

A 没问题，我们_____会有机会合作的。

4 주어진 단어를 알맞은 순서로 배열하여 문장을 완성하세요.

(1) 产品　找了　我　一份　工作　设计的　。

▶ _____

(2) 我们　主要　广告　业务　是　公司的　。

▶ _____

(3) 能有　我　很高兴　访问　这次机会　贵公司　。

▶ _____

5 괄호 안의 단어를 넣어 연습한 후, 자유롭게 교체하여 대화해 보세요.

(1) A 我听说了，你毕业后去了一家大企业。

　　B 对，是一家_____，我是个_____。(国际旅行社/导游)

(2) A _____向我们介绍了贵公司。(CTI公司的谢经理)

　　　这次请您来，也是想请您多了解一下。

　　B 我敢说，这是您做出的最正确的决定。

6 제시된 표현을 사용하여 다음 주제와 상황에 맞게 말해 보세요.

주제 회사 소개하기

상황 친구에게 자신의 회사에 대해 구체적으로 소개해 보세요.

표현 总公司　员工　发展　产品　满足

Huānyíng nín lái wǒmen gōngchǎng cānguān.

欢迎您来我们工厂参观。

| 우리 공장에 참관하러 오신 것을 환영합니다.

공장은 언제 생산을 시작했나요?

1990년이요.
30년 되었습니다.

학습 목표 □ 공장 참관 및 협업과 관련된 표현을 말할 수 있다.

학습 내용 □ 比……得多 □ 经过 □ 包括 □ 무역 용어

STEP 1 이번 과의 주제와 관련된 단어를 따라 읽어 보세요. 🎧 05-01

参观
cānguān
참관하다, 견학하다

质检员
zhìjiǎnyuán
품질 관리 기사

合作
hézuò
합작하다, 협력하다

STEP 2 이번 과의 핵심 문장을 발음과 억양에 유의하여 따라 읽어 보세요. 🎧 05-02

1 今天我来带你们参观。 ☑ ☐ ☐

Jīntiān wǒ lái dài nǐmen cānguān.

2 我们工厂有质检员，他们负责检查质量。 ☑ ☐ ☐

Wǒmen gōngchǎng yǒu zhìjiǎnyuán, tāmen fùzé
jiǎnchá zhìliàng.

☑ ☐ ☐

3 希望贵公司可以和我们合作。

Xīwàng guì gōngsī kěyǐ hé wǒmen hézuò.

😊 공장 참관

Wáng jīnglǐ, nín hǎo, huānyíng nín lái wǒmen gōngchǎng!

A 王经理，您好，欢迎您来我们工厂！

Nín hǎo, hěn gāoxìng néng dào guì chǎng cānguān.

B 您好，很高兴能到贵厂参观。

Wǒ jiào Lǐ Huì, shì chǎngzhǎng de mìshū. Jīntiān wǒ lái dài nǐmen cānguān.

A 我叫李惠，是厂长的秘书。今天我来带你们参观。

Xièxie. Gōngchǎng shì shénme shíhou kāishǐ shēngchǎn de?

B 谢谢。工厂是什么时候开始生产的？

Yī jiǔ jiǔ líng nián, yǒu sānshí nián le. Nà shí, wǒmen de gōngchǎng hěn xiǎo,

A 1990年，有30年了。那时，我们的工厂很小，

xiànzài dàgài bāwàn wǔqiān píngfāngmǐ.

现在大概八万五千平方米。

Bǐ wǒ xiǎng de yào dà de duō.

B 比我想的要大得多。

Nín zhèbian qǐng. Rúguǒ nín yǒu wèntí,　kěyǐ wèn wǒ.

A 您这边请。如果您有问题，可以问我。

🎧 05-04

New Words ● 参观 cānguān 통 참관하다　● 平方米 píngfāngmǐ 양 제곱미터, 평방미터

😊 품질 검사

Zhèlǐ shì wǒmen de shēngchǎn chējiān.

A 这里是我们的生产车间。

Zhēn gānjìng, Nǐmen zěnme jiǎnchá chǎnpǐn zhìliàng ne?

B 真干净，你们怎么检查产品质量呢？

Wǒmen gōngchǎng yǒu zhìjiǎnyuán, tāmen fùzé jiǎnchá zhìliàng.

A 我们工厂有质检员，他们负责检查质量。

Suǒyǒu de chǎnpǐn dōu bìxū jīngguò wǔ cì jiǎnchá.

所有的产品都必须经过五次检查。

Zhìliàng shì guānjiàn.

B 质量是关键。

Nín shuō de duì, wǒmen měi nián zài zhìliàng guǎnlǐ shang de huāfèi shì zuì dà de.

A 您说得对，我们每年在质量管理上的花费是最大的。

🎧 05-06

New Words

• **车间** chējiān 명 작업장　• **干净** gānjìng 형 깨끗하다　• **必须** bìxū 부 반드시
• **经过** jīngguò 동 거치다　• **花费** huāfèi 명 비용 동 소비하다

😊 협업하기

 🎧 05-07

Wáng jīnglǐ, zhè jiùshì wǒmen de gōngchǎng, nín mǎnyì ma?

A 王经理，这就是我们的工厂，您满意吗？

Fēicháng mǎnyì. Wǒ hěn xiāngxìn guì gōngsī de shēngchǎn shuǐpíng.

B 非常满意。我很相信贵公司的生产水平。

Xièxie,　xīwàng guì gōngsī kěyǐ hé wǒmen hézuò.

A 谢谢，希望贵公司可以和我们合作。

Wǒ xīwàng wǒmen gōngsī zìjǐ shèjì, yóu guì gōngsī lái shēngchǎn.

B 我希望我们公司自己设计，由贵公司来生产。

Kěyǐ de, wǒmen jīngcháng hé qítā gōngsī zhèyàng hézuò.

A 可以的，我们经常和其他公司这样合作。

Rúguǒ wǒ xiànzài dìnghuò, zuì zǎo shénme shíhou jiāo huò?

B 如果我现在订货，最早什么时候交货？

Nà zhǔyào yóu dìngdān de dàxiǎo hé huòwù juédìng. Wǒmen xiān huí huìyìshì tántan ba.

A 那主要由订单的大小和货物决定。我们先回会议室谈谈吧。

🎧 05-08

New Words

• **相信** xiāngxìn 동 믿다　• **订货** dìnghuò 동 물품을 주문하다　• **交货** jiāo huò 동 납품하다
• **订单** dìngdān 명 주문서　• **货物** huòwù 명 물품

STEP 1 알맞게 연결하여 대화를 연습해 보세요.

1 工厂是什么时候开始生产的?

2 真干净，你们怎么检查产品质量呢?

3 我希望我们公司自己设计，由贵公司来生产。

· 可以的，我们经常和其他公司这样合作。

· 我们工厂有质检员，他们负责检查质量。

· 1990年，有30年了。

STEP 2 제시된 단어로 바꾸어 연습해 보세요. 🔊 05-09

1 <u>他们公司</u>比<u>我们公司</u><u>大</u>得多。

今天 / 昨天 / 热　　这里 / 那里 / 漂亮　　这个问题 / 那个问题 / 麻烦

2 <u>所有产品</u>必须<u>经过五次检查</u>。

明天 / 把文件拿来　　下个月 / 完成计划　　生病了 / 好好休息

3 经过<u>五次检验</u>，<u>产品达到质量标准</u>。

大家的努力 / 这个问题得到了解决
三天的谈判 / 我们终于谈好价格
我们多次提醒 / 他再也没有抽烟

🔔 **检验** jiǎnyàn 图 검사하다 | **达到** dádào 图 달성하다, 도달하다 | **得到** dédào 图 얻다

4 我们<u>工厂</u>有<u>质检员</u>，他们负责<u>检查质量</u>。

> 公司 / 翻译家 / 翻译 　　　　食堂 / 营养师 / 员工健康
> 学校 / 韩语老师 / 韩语学习

翻译 fānyì 통 번역하다, 통역하다 | **营养师** yíngyǎngshī 명 영양사

5 我们每年在<u>质量管理</u>上的<u>花费</u>是最大的。

> 广告 / 投资 　　　　开发新产品 / 花费 　　　　开分店 / 努力

6 我希望我们公司自己<u>设计</u>，由贵公司来<u>生产</u>。

> 投资 / 开发 　　　　生产 / 广告 　　　　招学生 / 教育

招 zhāo 통 모집하다

STEP 3 자신의 상황에 맞게 대답해 보세요.

1 你们公司是什么时候创立的?

▶ _____

2 你们公司怎样开发新产品?

▶ _____

☺ 공장 참관에서 주문까지 ⏵ 05-10

Jīntiān, wǒ qù cānguānle yì jiā gōngchǎng.　Zhège gōngchǎng tǐng dà de,
今天，我去参观了一家工厂。这个工厂挺大的，

dàgài yǒu bāwàn wǔqiān píngfāngmǐ,　bāokuò shèjìbù hé shēngchǎnbù.　Tāmen
大概有八万五千平方米，包括设计部和生产部。他们

yǒu èrshí wèi zìjǐ de shèjìyuán.　Tāmen búdàn shēngchǎn gōngsī zìjǐ de shèjì
有20位自己的设计员。他们不但生产公司自己的设计

chǎnpǐn,　yě hé qítā gōngsī hézuò shēngchǎn.　Wǒ kànle tāmen de shèjì,
产品，也和其他公司合作生产。我看了他们的设计，

juéde hěn hǎo. Zhè jiā gōngchǎng duì zhìliàng yāoqiú gāo, tāmen de gōngchǎng hěn
觉得很好。这家工厂对质量要求高，他们的工厂很

gānjìng, yǒu zhìjiǎnyuán,　suǒyǒu chǎnpǐn bìxū jīngguò wǔ cì jiǎnchá.　Wǒ hé
干净，有质检员，所有产品必须经过五次检查。我和

tāmen tánle yíxià jiāo huò shíjiān de wèntí,　wǒmen dìng de huòwù tāmen kěyǐ
他们谈了一下交货时间的问题，我们订的货物他们可以

zài èr líng èr yī nián sì yuè qián jiāo huò.
在2021年4月前交货。

💬 Speaking Training

1. 빈칸을 자유롭게 채워 말해 보세요.

　　　这家工厂对＿＿＿要求高，他们的工厂很＿＿＿，

有＿＿＿，所有产品必须＿＿＿五次检查。

⏵ 05-11

New Words 包括 bāokuò 동 포함하다

STEP 1 다음 문장과 본문 내용이 일치하면 V, 틀리면 X를 표시하고, 바르게 고쳐 말해 보세요.

1 这个工厂挺大的，大概有八万五千平方米，包括营销部部和生产部。 ☐

▶ _____

2 他们的工厂很干净，有质检员，所有产品必须经过五次检查。 ☐

▶ _____

3 我看了他们的设计，觉得不太好。 ☐

▶ _____

STEP 2 다음 질문에 답해 보세요.

1 工厂面积有多大？

▶ _____

2 他们有多少设计员？

▶ _____

3 他们订的货物什么时候能收到？

▶ _____

정리하기

1 比……得多

'比'를 통해 비교한 후 차이를 정확히 표현할 수 있다면 비교 기준 뒤에 수량사가 나오고 확실하지 않다면 '得多', '一些', '一点儿' 등을 쓸 수 있습니다.

他比我大三岁。
Tā bǐ wǒ dà sān suì.

他比我大得多。
Tā bǐ wǒ dà de duō.

天气比昨天冷一些。
Tiānqì bǐ zuótiān lěng yìxiē.

我比他高一点儿。
Wǒ bǐ tā gāo yìdiǎnr.

2 经过

동사 '经过'가 '어떤 활동이나 사건을 거치다'라는 의미로 쓰일 때 반드시 명사, 동사, 절 등의 목적어를 가집니다.

经过调查，了解了事情的真相。
Jīngguò diàochá, liǎojiěle shìqing de zhēnxiàng.

这是经过领导批准的。
Zhè shì jīngguò lǐngdǎo pīzhǔn de.

经过上次会议，我们的看法一致了。
Jīngguò shàng cì huìyì, wǒmen de kànfǎ yízhì le.

经过修改和补充，文章的内容更加丰富了。
Jīngguò xiūgǎi hé bǔchōng, wénzhāng de nèiróng gèngjiā fēngfù le.

 调查 diàochá 명동 조사(하다) | **真相** zhēnxiàng 명 진상 | **批准** pīzhǔn 동 비준하다 명 허가, 승인 | **看法** kànfǎ 명 견해 | **一致** yízhì 형 일치하다 | **修改** xiūgǎi 동 수정하다 | **补充** bǔchōng 동 보충하다 | **更加** gèngjiā 부 더욱 더, 한층 | **丰富** fēngfù 형 풍부하다

Quiz 이번 과에서 배운 내용을 바탕으로 중국어로 써 보세요.

1. ① 그는 나보다 세 살 많다. ▶ _____

   ② 그는 나보다 나이가 훨씬 많다. ▶ _____

   ③ 날씨가 어제보다 더 춥다. ▶ _____

   ④ 나는 그보다 조금 더 크다. ▶ _____

2. ① 조사를 거쳐 사건의 진상을 알게 되었다. ▶ _____

   ② 이것은 리더의 승인을 거친 것이다. ▶ _____

   ③ 저번 회의를 통해 우리의 생각은 일치되었다. ▶ _____

   ④ 수정 및 보완을 통해 글의 내용이 더욱 풍부해졌다. ▶ _____

③ 包括

동사 '包括'는 '포함하다'라는 뜻으로 앞에 '其中'이 오거나 뒤에 '在内'가 올 수 있다.

调查报告一般包括以下内容。
Diàochá bàogào yìbān bāokuò yǐxià nèiróng.

中国东北包括哪些城市?
Zhōngguó dōngběi bāokuò nǎxiē chéngshì?

那家出版社今年出版了几十种新书,其中包括一些外国文学名著。
Nà jiā chūbǎnshè jīnnián chūbǎnle jǐ shí zhǒng xīn shū, qízhōng bāokuò yìxiē wàiguó wénxué míngzhù.

名著 míngzhù 뗑 명저, 명작

④ 무역 용어

주문하다	수주하다	거래가 성사되다	판매하다
订货	接单	成交	销售
dìnghuò	jiēdān	chéngjiāo	xiāoshòu
판매를 촉진하다	판매가 잘 되다	판매가 부진하다	선적하다
促销	畅销	滞销	装船
cùxiāo	chàngxiāo	zhìxiāo	zhuāng chuán
출하하다	보험에 가입하다	주문서	납품하다
发货	投保	订货单	交货
fā huò	tóubǎo	dìnghuò dān	jiāo huò

3. ① 조사 보고서에는 일반적으로 다음 내용이 포함된다. ▶ _____

② 중국 동북 지역에 어떤 도시들이 포함되지? ▶ _____

③ 그 출판사는 올해 몇십 종의 새 책을 출판했다. 그중에는 일부 외국 문학 명저도 포함되어 있다.

 ▶ _____

4. ① 주문하다 ▶ _____   ② 수주하다 ▶ _____

③ 거래가 성사되다 ▶ _____   ④ 판매하다 ▶ _____

⑤ 판매를 촉진하다 ▶ _____   ⑥ 판매가 잘 되다 ▶ _____

⑦ 출하하다 ▶ _____   ⑧ 납품하다 ▶ _____

1 녹음을 듣고 대화 내용과 일치하는 것을 고르세요. 🎧 05-12

B

(1) (   )   (2) (   )

2 녹음을 듣고 질문에 알맞은 답을 고르세요. 🎧 05-13

(1) **A** 1990年   **B** 1994年   **C** 1999年

(2) **A** 商品的质量   **B** 产品的价格   **C** 订单的大小和货物

3 주어진 단어를 사용하여 빈칸을 채우세요.

보기   和   希望   满意   可以的   由

왕 사장에게 공장을 보여 주고 있다.

A 王经理，这就是我们的工厂，您_____吗？

B 非常满意。我很相信贵公司的生产水平。

A 谢谢，_____贵公司可以_____我们合作。

B 我希望我们公司自己设计，_____贵公司来生产。

A _____，我们经常和其他公司这样合作。

4 주어진 단어를 알맞은 순서로 배열하여 문장을 완성하세요.

(1) 一家   今天   参观了   去   工厂   我   ，   。

▸ _____

(2) 自己的   他们   20位   设计员   有   。

▸ _____

(3) 这家   质量   工厂   对   高   要求   。

▸ _____

5 괄호 안의 단어를 넣어 연습한 후, 자유롭게 교체하여 대화해 보세요.

(1) A 工厂是什么时候开始生产的？

B _____年，有_____年了。（1990/30）

(2) 您好，很高兴能到贵厂参观。

我叫_____，是_____。今天我来带你们参观。（李惠/厂长的秘书）

6 제시된 표현을 사용하여 다음 주제와 상황에 맞게 말해 보세요.

> 주제 회사에 대한 브리핑
>
> 상황 사업 파트너에게 상품 개발이나 품질 관리에 어떤 노력을 하고 있는지 간략히 소개해 보세요.
>
> 표현 检查   质量   质检员   设计   开发   产品

Zài shìchǎng shang xiāoshòu de hěn hǎo.

在市场上销售得很好。

| 시장에서 잘 팔립니다.

왜 이렇게 잘
팔리는 거예요?

품질이 좋고
가격도 싸서요.

학습 목표 □ 제품에 대한 소개 및 판매 상황을 말할 수 있다.

학습 내용 □ 对……感兴趣 □ 由于 □ 时刻 □ 不但……而且……

STEP 1 이번 과의 주제와 관련된 단어를 따라 읽어 보세요. 🎧 06-01

销售
xiāoshòu
팔다, 판매하다

质量
zhìliàng
질, 품질

价格
jiàgé
가격

STEP 2 이번 과의 핵심 문장을 발음과 억양에 유의하여 따라 읽어 보세요. 🎧 06-02

1 我可以给您介绍一下。 ☑ ☐ ☐

Wǒ kěyǐ gěi nín jièshào yíxià.

2 您可以试试。 ☑ ☐ ☐

Nín kěyǐ shìshi.

3 我来向您报告上个月产品的销售情况。 ☑ ☐ ☐

Wǒ lái xiàng nín bàogào shàng ge yuè chǎnpǐn de xiāoshòu
qíngkuàng.

🙂 제품 소개

 🎧 06-03

Nín hǎo, qǐngwèn nín duì shénme chǎnpǐn gǎn xìngqù?

A 您好，请问您对什么产品感兴趣？

Wǒ kěyǐ gěi nín jièshào yíxià.

我可以给您介绍一下。

Xièxie, wǒ xiān kànkan.

B 谢谢，我先看看。

Hǎo de, nín xiànzài kàndào de shì wǒmen zài shìchǎng shang xiāoshòu de zuì hǎo de chǎnpǐn.

A 好的，您现在看到的是我们在市场上销售得最好的产品。

Wèi shénme xiāoshòu de zhème hǎo ne?

B 为什么销售得这么好呢？

Yīnwèi tā zhìliàng hǎo, jiàgé piányi.

A 因为它质量好，价格便宜。

🎧 06-04

New Words ● 兴趣 xìngqù 몡 흥미 ● 它 tā 떼 그것

🙂 휴대 전화 판매

 🎧 06-05

Nín hǎo, qǐngwèn zhè shì nǐmen xiāoshòu de zuì hǎo de shǒujī ma?

A 您好，请问这是你们销售得最好的手机吗？

Shì de, jiùshì zhège.

B 是的，就是这个。

Nín néng gěi wǒ jièshào yíxià ma?

A 您能给我介绍一下吗？

Hǎo de, méi wèntí. Zhè zhǒng shǒujī shìhé niánqīngrén yòng, kěyǐ zhàoxiàng, kěyǐ tīng gē.

B 好的，没问题。这种手机适合年轻人用，可以照相，可以听歌。

Nín kěyǐ shìshi.

您可以试试。

Zhège shǒujī xiànzài duōshao qián?

A 这个手机现在多少钱？

Xiànzài méiyǒu huò. Nín kěyǐ liúxià nín de diànhuà.

B 现在没有货。您可以留下您的电话。

Yì yǒu huò wǒmen jiù dǎ diànhuà tōngzhī nín.

一有货我们就打电话通知您。

😊 **판매 현황 보고**

 🎧 06-06

Zhōu jīnglǐ, wǒ lái xiàng nín bàogào shàng ge yuè chǎnpǐn de xiāoshòu qíngkuàng.

A 周经理，我来向您报告上个月产品的销售情况。

Hǎo de, nǐ shuō ba.

B 好的，你说吧。

Yóuyú fàngjià, shàng ge yuè wǒmen búdàn wánchéngle xiāoshòu jìhuà, érqiě zǒng xiāoliàng

A 由于放假，上个月我们不但完成了销售计划，而且总销量

yě zēngzhǎngle bù shǎo. Qízhōng Běijīng gōngsī jiù wánchéngle yìbǎi wàn jiàn chènyī de

也增长了不少。其中北京公司就完成了一百万件衬衣的

xiāoshòu rènwu.

销售任务。

Qítā chéngshì de xiāoshòu qíngkuàng zěnmeyàng ne?

B 其他城市的销售情况怎么样呢？

Qítā chéngshì de xiāoshòu yùdàole kùnnan, bāokuò xīn chǎnpǐn de xiāoshòu, dōu hěn kùnnan.

A 其他城市的销售遇到了困难，包括新产品的销售，都很困难。

Wǒmen bìxū xiǎng ge bànfǎ lái gǎibiàn zhè zhǒng qíngkuàng.

B 我们必须想个办法来改变这种情况。

Děng yíxià kāi ge huì, wǒmen hǎohǎo tǎolùn yíxià zhège wèntí.

等一下开个会，我们好好讨论一下这个问题。

🎧 06-07

New Words

- 由于 yóuyú ⑦ ~때문에 ・ 增长 zēngzhǎng ⑧ 늘어나다 ・ 其中 qízhōng ⑲ 그중
- 任务 rènwu ⑲ 임무 ・ 城市 chéngshì ⑲ 도시 ・ 遇 yù ⑧ 만나다
- 改变 gǎibiàn ⑧ 바꾸다 ・ 讨论 tǎolùn ⑧ 토론하다

회화 연습

STEP 1 알맞게 연결하여 대화를 연습해 보세요.

1 我可以给您介绍一下。 • • 谢谢，我先看看。

2 为什么销售得这么好呢? • • 因为它质量好，价格便宜。

3 您能给我介绍一下吗? • • 好的，没问题。

STEP 2 제시된 단어로 바꾸어 연습해 보세요. 🎧 06-08

1 <u>我</u>对<u>新产品</u>感兴趣。

> 他 / 旅游　　　　李明 / 手机　　　　高文 / 照相机

2 这种<u>风格</u>适合<u>你</u>。

> 车 / 年轻人开　　　天气 / 游玩　　　天气 / 爬山

🔔 **风格** fēnggé 몡 풍격 | **游玩** yóuwán 동 놀다

3 由于<u>放假</u>，<u>上个月销量不错</u>。

> 天气原因 / 航班不能起飞　　　经常锻炼 / 小文身体很健康
> 公司有很多国际业务 / 我经常去国外出差

4 我们公司有<u>一万名员工</u>，其中<u>总公司有三千人</u>。

> 这里有很多种茶 / 红茶是我最喜欢的
> 我们要去日本玩儿一个星期 / 有三天在东京玩儿
> 这些颜色都很受欢迎 / 红色的是最受欢迎的

5 遇到<u>困难</u>

> 朋友　　　　麻烦　　　　问题

6 <u>每个人</u>，包括我，<u>都很满意</u>。

> 这个月 / 上周 / 他都在出差　　　　这里的交通 / 船 / 都很方便
> 所有国家 / 发展中国家 / 我们都有合作

(((🔔))) **发展中国家** fāzhǎn zhōng guójiā 개발 도상국

STEP 3 제시된 자료에 맞게 대답해 보세요.

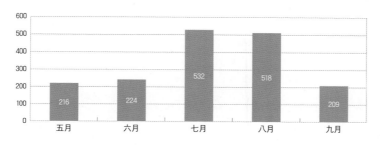

1 为什么7、8月份销售得这么好?

> ▶ _____

2 9月份销售下降有什么原因?

> ▶ _____

(((🔔))) **下降** xiàjiàng 圆 떨어지다

😊 판매 부진 극복하기

Zhège yuè gōngsī tuīchūle yí ge xīn chǎnpǐn. Yóuyú wǒmen bù liǎojiě
这个月公司推出了一个新产品。由于我们不了解

shìchǎng, gāng kāishǐ xīn chǎnpǐn de xiāoshòu yùdàole kùnnan. Zài zhè guānjiàn de
市场，刚开始新产品的销售遇到了困难。在这关键的

shíkè, jīngguò nǔlì, wǒmen zhǎodàole zhèngquè de xiāoshòu fāngxiàng. Xīn chǎnpǐn
时刻，经过努力，我们找到了正确的销售方向。新产品

zhìliàng hǎo, jiàgé piányi, xiànzài zài shìchǎng shang xiāoshòu qíngkuàng yǒule gǎibiàn,
质量好，价格便宜，现在在市场上销售情况有了改变，

xiāoshòu de hěn hǎo. Wǒ shíkè tíxǐng zìjǐ, gōngsī de fāzhǎn lí bu kāi měi
销售得很好。我时刻提醒自己，公司的发展离不开每

yí ge yuángōng de nǔlì. Suǒyǐ gōngsī juédìng zhōumò jǔxíng yí ge cháhuì,
一个员工的努力。所以公司决定周末举行一个茶会，

xīwàng dàjiā dōu néng cānjiā.
希望大家都能参加。

💬 Speaking Training

1. 빈칸을 자유롭게 채워 말해 보세요.

　　在这关键的_____，经过努力，我们找到了正确
的销售_____。新产品_____好，_____便宜，现在在
市场上销售情况有了_____，销售得很好。

🎧 06-10

New Words
● 推出 tuīchū 图 내놓다 ● 时刻 shíkè 圀 시각, 시간 图 항상, 시시각각
● 努力 nǔlì 圀 노력하다, 열심이다 ● 方向 fāngxiàng 圀 방향 ● 举行 jǔxíng 图 개최하다, 거행하다

단문 **연습**

STEP 1   다음 문장과 본문 내용이 일치하면 V, 틀리면 X를 표시하고, 바르게 고쳐 말해 보세요.

1 新产品质量好，但价格有点儿贵。   ☐

  ▸ _____

2 新产品现在在市场上销售情况有了改变，销售得很好。   ☐

  ▸ _____

3 他认为公司的发展离不开每一个员工的努力。   ☐

  ▸ _____

STEP 2   다음 질문에 답해 보세요.

1 公司的新产品什么时候推出的？

  ▸ _____

2 刚开始新产品的销售为什么遇到了困难？

  ▸ _____

3 公司决定周末做什么？

  ▸ _____

1 对……感兴趣

'对……感兴趣'는 '～에 대해 흥미를 느끼다'라는 뜻으로 사용됩니다. 부정은 '对……不感兴趣'입니다.

大学生现在对什么感兴趣?
Dàxuéshēng xiànzài duì shénme gǎn xìngqù?

最近他对汉语感兴趣。
Zuìjìn tā duì Hànyǔ gǎn xìngqù.

消费者对这种产品更感兴趣。
Xiāofèizhě duì zhè zhǒng chǎnpǐn gèng gǎn xìngqù.

您对哪些产品感兴趣?
Nín duì nǎxiē chǎnpǐn gǎn xìngqù?

(🔔) 消费者 xiāofèizhě 몡 소비자

2 由于

'由于'는 원인을 나타내며 뒤따라 오는 절은 보통 '所以', '因此'와 '因而' 등으로 시작합니다. 일반적으로 글말에 많이 사용됩니다.

由于他不断的插话，我无法把想说的话都说出来。
Yóuyú tā búduàn de chāhuà, wǒ wúfǎ bǎ xiǎng shuō de huà dōu shuō chūlai.

由于大公司的竞争，他的生意陷入了困境。
Yóuyú dà gōngsī de jìngzhēng, tā de shēngyì xiànrùle kùnjìng.

由于电脑坏了，所以今天的电脑课改上自习课。
Yóuyú diànnǎo huài le, suǒyǐ jīntiān de diànnǎo kè gǎishàng zìxí kè.

由于罪恶如同自生自长的作物，因此坏事是很容易学会的。
Yóuyú zuì'è rútóng zìshēng zì zhǎng de zuòwù, yīncǐ huàishì shì hěn róngyì xuéhuì de.

(🔔) 插话 chāhuà 동 말참견하다 | 竞争 jìngzhēng 몡동 경쟁(하다) | 生意 shēngyì 몡 장사 |
陷入 xiànrù 동 빠지다 | 困境 kùnjìng 몡 곤경, 궁지 | 罪恶 zuì'è 몡 죄악

💡 Quiz 이번 과에서 배운 내용을 바탕으로 중국어로 써 보세요.

1. ① 대학생은 지금 무엇에 관심이 있나요? ▶ _____

   ② 당신은 어떤 상품이 마음에 드세요? ▶ _____

   ③ 최근 그는 중국어에 관심이 있다. ▶ _____

   ④ 소비자는 이런 상품에 더 관심이 간다. ▶ _____

2. ① 그가 계속 끼어들며 말해서 나는 말하려던 걸 다 말할 수 없었다. ▶ _____

   ② 대기업의 경쟁 때문에 그의 장사는 곤경에 처했다. ▶ _____

   ③ 컴퓨터가 고장 나서 오늘 컴퓨터 수업은 자습으로 바뀌었다. ▶ _____

   ④ 죄악은 자생하는 작물과 같아서 나쁜 일은 굉장히 쉽게 배울 수 있다. ▶ _____

3 时刻

'时刻'는 명사로 '시간의 어떤 지점(시각)'을 말하거나 부사로 '시시각각', '늘', '항상'이라는
의미로 사용됩니다.

幸福的时刻来到了。
Xìngfú de shíkè láidào le.

严守时刻，准时到会。
Yánshǒu shíkè, zhǔnshí dào huì.

经理时时刻刻关心公司的发展。
Jīnglǐ shíshí kèkè guānxīn gōngsī de fāzhǎn.

他时时刻刻提醒自己要谦虚谨慎。
Tā shíshí kèkè tíxǐng zìjǐ yào qiānxū jǐnshèn.

严守 yánshǒu 통 엄격히 지키다 | **准时** zhǔnshí 형 정시이다 |
谦虚 qiānxū 형 겸손하다 | **谨慎** jǐnshèn 형 신중하다

4 不但……而且……

'不但……而且……'는 '~뿐 아니라 또한 ~하다'라는 뜻으로 '不但'에 따라오는 내용에 '而
且' 뒤에 오는 내용이 더해짐을 나타냅니다.

他不但会唱歌而且会跳舞。
Tā búdàn huì chàng gē érqiě huì tiàowǔ.

你不但很懒，而且很狡猾。
Nǐ búdàn hěn lǎn, érqiě hěn jiǎohuá.

他不但自己学习好，而且还能帮助别人。
Tā búdàn zìjǐ xuéxí hǎo, érqiě hái néng bāngzhù biérén.

商店里的商品不但质量好，而且品种齐全。
Shāngdiàn lǐ de shāngpǐn búdàn zhìliàng hǎo, érqiě pǐnzhǒng qíquán.

懒 lǎn 형 게으르다 | **狡猾** jiǎohuá 형 교활하다 |
品种 pǐnzhǒng 명 종류 | **齐全** qíquán 통 완비하다

---

3. ① 행복의 순간이 왔다. ▶ _____

② 시간을 엄수해 제 시간에 회의에 나오세요. ▶ _____

③ 사장님은 늘 회사의 발전에 관심을 둔다. ▶ _____

④ 그는 수시로 자신이 겸손하고 신중한지 주의한다. ▶ _____

4. ① 그는 노래를 잘 부를 뿐만 아니라 춤도 출 줄 안다. ▶ _____

② 너는 게으른 데다 교활하기까지 하구나. ▶ _____

③ 그는 공부를 잘할 뿐만 아니라 다른 사람을 도울 줄도 안다. ▶ _____

④ 상점 안의 상품은 품질도 좋고 종류도 완비되어 있다. ▶ _____

1 녹음을 듣고 대화 내용과 일치하는 것을 고르세요. 🎧 06-11

(1) (   )   (2) (   )

2 녹음을 듣고 질문에 알맞은 답을 고르세요. 🎧 06-12

(1) A 质量不太好　　B 价格有点儿贵　C 质量好，价格便宜

(2) A 老人　　　　　B 孩子　　　　　C 年轻人

3 주어진 단어를 사용하여 빈칸을 채우세요.

> 보기　　而且　　　办法　　　完成　　　遇到　　　放假

신상품의 판매 상황에 대해 보고하고 있다.

A 由于_____，上个月我们不但完成了销售计划，_____总销量也增
长了不少。其中北京公司就_____了一百万件衬衣的销售任务。

B 其他城市的销售情况怎么样呢？

A 其他城市的销售_____了困难，包括新产品的销售，都很困难。

B 我们必须想个_____来改变这种情况。
等一下开个会，我们好好讨论一下这个问题。

4 주어진 단어를 알맞은 순서로 배열하여 문장을 완성하세요.

(1) 一个　这个月　新产品　推出了　公司　。

▶ _____

(2) 员工的　公司的　离不开　努力　发展　每一个　。

▶ _____

(3) 茶会　公司　举行　一个　决定　周末　。

▶ _____

5 괄호 안의 단어를 넣어 연습한 후, 자유롭게 교체하여 대화해 보세요.

(1) A 为什么销售得这么好呢？
　　B 因为它_____。（质量好，价格便宜）

(2) A 您能给我介绍一下吗？
　　B 好的，没问题。这种_____，可以_____，可以_____。
　　　（手机适合年轻人用/照相/听歌）

6 제시된 표현을 사용하여 다음 주제와 상황에 맞게 말해 보세요.

> 주제 제품의 판매 현황에 대해 보고하기
>
> 상황 지난달에 신상품이 출시되었습니다. 판매 현황을 설정하고 그 이유에 대해서
> 도 간단하게 설명하세요.
>
> 표현 销售情况　　完成-计划　　遇到-困难　　改变-情况

Wǒmen kāishǐ ba.

我们开始吧。

| 우리 시작하죠.

가격 이야기를
마쳤으니 다른
문제들은 수월하게
해결될 겁니다.

맞아요, 그럼
시작하시죠.

학습 목표 □ 협상과 관련된 대화를 할 수 있다.

학습 내용 □ 差不多 □ 一……就…… □ 在……上 □ 根据

支付
zhīfù
지불하다, 지급하다

谈判
tánpàn
담판하다, 협상하다

生产
shēngchǎn
생산하다

STEP 2 이번 과의 핵심 문장을 발음과 억양에 유의하여 따라 읽어 보세요. 🎧 07-02

1 昨天休息得好吗？ ☑ ☐ ☐
Zuótiān xiūxi de hǎo ma?

2 好，最困难的价格已经谈好了。 ☑ ☐ ☐
Hǎo, zuì kùnnan de jiàgé yǐjīng tánhǎo le.

3 我明天带您去参观工厂。 ☑ ☐ ☐
Wǒ míngtiān dài nín qù cānguān gōngchǎng.

😊 회의와 날씨

07-03

Zǎoshang hǎo, Mǎ xiānsheng, zuótiān xiūxi de hǎo ma?

A 早上好，马先生，昨天休息得好吗？

Shì de, xièxie.

B 是的，谢谢。

Jīntiān tiānqì búcuò. Qián jǐ tiān yìzhí xià yǔ, nǐmen yì lái tiānqì jiù biànhǎo le.

A 今天天气不错。前几天一直下雨，你们一来天气就变好了。

Zhēn de ma? Nà tài hǎo le.

B 真的吗？那太好了。

Zhè shuōmíng wǒmen zhè cì de tánpàn huì hěn yúkuài.

这说明我们这次的谈判会很愉快。

Chàbuduō jiǔ diǎn le, wǒmen kāishǐ ba.

A 差不多九点了，我们开始吧。

07-04

New Words
• **说明** shuōmíng 图 설명하다　• **愉快** yúkuài 톙 유쾌하다　• **差不多** chàbuduō 閉 거의, 대강, 대체로

😊 협상의 진행

07-05

Wáng jīnglǐ, xiūxile chàbuduō shí fēnzhōng, wǒmen jiēzhe tán ma?

A 王经理，休息了差不多十分钟，我们接着谈吗？

Méi wèntí, Mǎ jīnglǐ, dào xià yí ge bùfen ba.

B 没问题，马经理，到下一个部分吧。

Hǎo, zuì kùnnan de jiàgé yǐjīng tánhǎo le.

A 好，最困难的价格已经谈好了。

Xiàmiàn wǒmen yīnggāi tán zěnme zhīfù le.

下面我们应该谈怎么支付了。

Shì de, jiàgé tánhǎo le, qítā wèntí jiù hǎo jiějué le.

B 是的，价格谈好了，其他问题就好解决了。

Duì,　　nà wǒmen kāishǐ ba.

A 对，那我们开始吧。

🔊 07-06

New Words ● 接着 jiēzhe 🔲 계속해서 ● 支付 zhīfù 🔲 지불하다

😊 협상의 마무리

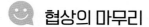  🔊 07-07

Zhǐyǒu zuìhòu yí ge wèntí méi jiějué le,　　shíjiān guò de zhēn kuài ya.

A 只有最后一个问题没解决了，时间过得真快呀。

Shì de, hěn gāoxìng néng yǒu jīhuì hé nín hézuò.

B 是的，很高兴能有机会和您合作。

Míngtiān néng qǐng nín qù cānguān yíxià wǒmen de gōngchǎng ma?

A 明天能请您去参观一下我们的工厂吗？

Kěyǐ, wǒ yìzhí xiǎng qù fǎngwèn guì gōngsī de shēngchǎn bùmén.

B 可以，我一直想去访问贵公司的生产部门。

Nà shuōdìng le, wǒ míngtiān dài nín qù cānguān gōngchǎng.

A 那说定了，我明天带您去参观工厂。

Hǎo, wǒmen kāishǐ tǎolùn ba.

B 好，我们开始讨论吧。

07 我们开始吧。 **83**

회화 연습

STEP 1 알맞게 연결하여 대화를 연습해 보세요.

1 昨天休息得好吗? • • 没问题，马经理，到
下一个部分吧。

2 休息了差不多十分钟， • • 是的，谢谢。
我们接着谈吗?

3 明天能请您去参观一下 • • 可以，我一直想去访问
我们的工厂吗? 贵公司的生产部门。

STEP 2 제시된 단어로 바꾸어 연습해 보세요. 🎧 07-08

1 会议开始了。

| 讨论 | 调查 | 谈判 |

2 我们接着谈吗?

| 看吧 | 读第二课 | 以前的工作做 |

3 休息了差不多十分钟。

| 花费了 / 十天 | 迟到了 / 一个小时 | 跑了 / 一万米 |

4 下面我们应该谈怎么支付了。

| 怎么做? | 做这些准备了 | 说什么? |

5 <u>价格谈</u>好了。

作业 / 写　　　　　火车票 / 买　　　　手术 / 做

6 很高兴能有机会<u>和您合作</u>。

来到这儿　　　　在这儿工作　　　和大家交流

交流 jiāoliú ⑧ 교류하다

STEP **3**　제시된 사진의 상황에 알맞은 문장을 말해 보세요.

1

　▶ _____

2

　▶ _____

단문

😊 협상에 대한 평가

Zài tánpàn kāishǐ qián,　wǒmen xiān huānyíng Mǎ xiānsheng de dàolái.
在谈判开始前，我们先欢迎马先生的到来。

Shàng zhōu wǒmen jìnxíng de dì yī cì tánpàn shì hěn hǎo de kāishǐ, dàn wǒmen
上周我们进行的第一次谈判是很好的开始，但我们

de tǎolùn hái méiyǒu jiéshù, yīnwèi dàjiā zài jiàgé wèntí shang hái yǒu bùtóng de
的讨论还没有结束，因为大家在价格问题上还有不同的

yìjiàn,　suǒyǐ zhè cì tánpàn zhǔyào jiùshì tǎolùn jiàgé wèntí.　　Wèile zhè cì
意见，所以这次谈判主要就是讨论价格问题。为了这次

tánpàn, wǒmen zuòle hěn duō zhǔnbèi, duì shìchǎng jìnxíngle diàochá. Xiān qǐng
谈判，我们做了很多准备，对市场进行了调查。先请

Mǎ xiānsheng gēnjù diàochá tántan tā de kànfǎ. Nàme,　wǒmen kāishǐ ba.
马先生根据调查谈谈他的看法。那么，我们开始吧。

💬 Speaking Training

1. 빈칸을 자유롭게 채워 말해 보세요.

　　上周我们进行的第一次＿＿＿＿是很好的开始，但我们
的讨论还没有＿＿＿＿，因为大家＿＿＿＿价格问题＿＿＿＿还
有不同的意见，所以这次谈判＿＿＿＿就是讨论＿＿＿＿问题。

🎧 07-10

New Words　• **结束** jiéshù 동 끝나다　• **调查** diàochá 명동 조사(하다)　• **看法** kànfǎ 명 견해, 주장

단문 **연습**

STEP **1** 다음 문장과 본문 내용이 일치하면 V, 틀리면 X를 표시하고, 바르게 고쳐 말해 보세요.

1 这次谈判主要就是讨论广告问题。 ☐

▶ _____

2 上周我们进行的第一次谈判是很好的开始。 ☐

▶ _____

3 马先生先根据经验谈谈他的看法。 ☐

▶ _____

STEP **2** 다음 질문에 답해 보세요.

1 谈判是什么时候开始的?

▶ _____

2 谈判为什么还没结束?

▶ _____

3 为了这次谈判他们准备了什么?

▶ _____

정리하기

1 差不多

일반적으로 부사로 '거의'라는 뜻으로 쓰이거나 형용사로 '차이가 적다', '비슷하다'라는 뜻으로 사용됩니다.

两个箱子差不多一样重。
Liǎng ge xiāngzi chàbuduō yíyàng zhòng.

差不多等了两个小时。
Chàbuduō děngle liǎng ge xiǎoshí.

这个公司办了差不多六年了。
Zhège gōngsī bànle chàbuduō liù nián le.

这两种颜色差不多。
Zhè liǎng zhǒng yánsè chàbuduō.

2 一……就……

'~하면 바로 ~하다', '~하자마자 ~하다'라는 뜻으로 한 동작이나 상황 뒤에 바로 다른 동작이나 상황이 이어짐을 나타냅니다.

她一听到这消息就离开了。
Tā yì tīngdào zhè xiāoxi jiù líkāi le.

经理一到会议室，职员们就安静了。
Jīnglǐ yí dào huìyìshì, zhíyuánmen jiù ānjìng le.

我一上车，就觉得头晕。
Wǒ yí shàng chē, jiù juéde tóu yūn.

我一激动，就这样了。
Wǒ yì jīdòng, jiù zhèyàng le.

> 安静 ānjìng 혱 조용하다 | 晕 yūn 혱 (머리가) 어지럽다 |
> 激动 jīdòng 통 흥분하다, 감동하다

Quiz
이번 과에서 배운 내용을 바탕으로 중국어로 써 보세요.

1. ① 두 상자의 무게는 거의 비슷하다. ▶ _____

   ② 이 회사는 대략 6년 정도 되었다. ▶ _____

   ③ 거의 두 시간을 기다렸다. ▶ _____

   ④ 이 두 종류의 색은 비슷하다. ▶ _____

2. ① 그녀는 이 소식을 듣자마자 떠났다. ▶ _____

   ② 사장이 회의실에 도착하자마자 직원들은 조용해졌다. ▶ _____

   ③ 나는 차에 오르자마자 머리가 어지럽게 느껴졌다. ▶ _____

   ④ 난 흥분하면 이렇다. ▶ _____

3 在……上

동작 발생의 장소를 나타내는 전치사 '在' 뒤에 '上'이 오면 장소 이외에 방면이나 범위를 나타내고, '下'가 오면 장소 이외에 조건을 나타냅니다.

他在工作上很有成绩。
Tā zài gōngzuò shang hěn yǒu chéngjì.

在爱情的问题上，往往没有谁对谁错。
Zài àiqíng de wèntí shang, wǎngwǎng méiyǒu shéi duì shéi cuò.

在大家的帮助下，我的学习有了很大进步。
Zài dàjiā de bāngzhù xia, wǒ de xuéxí yǒule hěn dà jìnbù.

在市场经济条件下，人才的竞争变得越来越激烈。
Zài shìchǎng jīngjì tiáojiàn xia, réncái de jìngzhēng biàn de yuè lái yuè jīliè.

🔔 **成绩** chéngjì 똉 성과 | **往往** wǎngwǎng 틘 종종 | **经济** jīngjì 똉 경제 | **激烈** jīliè 똉 격렬하다

4 根据

'根据'가 전치사로 쓰이면 어떤 사물이나 동작을 전제나 기초로 삼음을 의미합니다.

根据不同情况分别处理。
Gēnjù bù tóng qíngkuàng fēnbié chǔlǐ.

这部电影是根据同名小说改编的。
Zhè bù diànyǐng shì gēnjù tóngmíng xiǎoshuō gǎibiān de.

根据统计，产量比去年同期增加百分之十。
Gēnjù tǒngjì, chǎnliàng bǐ qùnián tóngqī zēngjiā bǎi fēn zhī shí.

根据以上分析，可以得出这样的结论。
Gēnjù yǐshàng fēnxī, kěyǐ déchū zhèyàng de jiélùn.

🔔 **分别** fēnbié 틘 각각, 따로따로 | **处理** chǔlǐ 똉 처리하다 | **改编** gǎibiān 똉 각색하다 | **统计** tǒngjì 똉 통계하다 |
产量 chǎnliàng 똉 생산량 | **分析** fēnxī 똉 분석하다 | **结论** jiélùn 똉 결론

3. ① 그는 일에서 성과가 매우 좋다. ▶ _____

② 사랑 문제에는 종종 누가 옳고 틀리고가 없다. ▶ _____

③ 모두의 도움으로 내 공부는 큰 발전이 있었다. ▶ _____

④ 시장 경제 조건에서는 인재 경쟁이 갈수록 치열해지고 있다. ▶ _____

4. ① 다른 상황에 근거해 각각 처리한다. ▶ _____

② 이 영화는 동명 소설에 근거해 각색한 것이다. ▶ _____

③ 통계에 따르면 생산량은 작년 같은 시기에 비해 10% 증가했다. ▶ _____

④ 이상 분석에 따르면 이런 결론을 얻을 수 있다. ▶ _____

1 녹음을 듣고 대화 내용과 일치하는 것을 고르세요.　　🎧 07-11

(1) (　　　　)　　　　　　(2) (　　　　)

2 녹음을 듣고 질문에 알맞은 답을 고르세요.　　🎧 07-12

(1) A 快九点了　　　B 八点　　　　C 十点

(2) A 价格　　　　　B 广告　　　　C 支付方式

3 주어진 단어를 사용하여 빈칸을 채우세요.

> 보기　　参观　　没　　说定　　得　　和

이제 한 가지 문제만을 남겨 놓고 회의가 진행되고 있다.

A 只有最后一个问题＿＿＿＿解决了，时间过＿＿＿＿真快呀。

B 是的，很高兴能有机会＿＿＿＿您合作。

A 明天能请您去＿＿＿＿一下我们的工厂吗？

B 可以，我一直想去访问贵公司的生产部门。

A 那＿＿＿＿了，我明天带您去参观工厂。

B 好，我们开始讨论吧。

4 주어진 단어를 알맞은 순서로 배열하여 문장을 완성하세요.

(1) 马先生的　先　我们　欢迎　到来　。

▶ _____

(2) 意见　大家　还有　不同的　在价格问题上　。

▶ _____

(3) 准备　为了　我们　做了　谈判　很多　这次　，　。

▶ _____

5 괄호 안의 단어를 넣어 연습한 후, 자유롭게 교체하여 대화해 보세요.

(1) A 休息了差不多_____，我们接着谈吗？（十分钟）
　　B 没问题。

(2) A 明天能请您_____吗？（去参观一下我们的工厂）
　　B 可以，我一直想_____。（去访问贵公司的生产部门）

6 제시된 표현을 사용하여 다음 주제와 상황에 맞게 말해 보세요.

주제 회의 진행하기

상황 몇 가지 안건을 상정하고 순서에 따라 회의를 진행해 보세요.

표현 接着　休息　下一个　谈好　好解决　开始

Qǐng nín zài kǎolǜ kǎolǜ.

请您再考虑考虑。

| 좀 더 고려해 주세요.

우리 단골이신데 5% 할인해 드릴게요.

더 싸게 해 주실 수 있나요?

학습 목표 □ 가격 협상과 관련된 표현을 할 수 있다.

학습 내용 □ 백분율(%) □ 부사 老 □ 最好 □ 一点儿也不……

이번 과의 주제와 관련된 단어를 따라 읽어 보세요.　🎧 08-01

老顾客
lǎo gùkè
단골, 오랜 고객

优惠
yōuhuì
우대하다

考虑
kǎolǜ
고려하다

이번 과의 핵심 문장을 발음과 억양에 유의하여 따라 읽어 보세요.　🎧 08-02

1 我们可以给您5%的优惠。　☑ ☐ ☐
Wǒmen kěyǐ gěi nín bǎi fēn zhī wǔ de yōuhuì.

2 我再考虑考虑。　☑ ☐ ☐
Wǒ zài kǎolǜ kǎolǜ.

3 这个价格一点儿也不贵。　☑ ☐ ☐
Zhège jiàgé yìdiǎnr yě bú guì.

가격 흥정 1

🎧 08-03

Wáng lǎobǎn, zhège fāng de zhuōzi dǎzhé ma?

A 王老板，这个方的桌子打折吗?

Nín shì wǒmen de lǎo gùkè, wǒmen kěyǐ gěi nín bǎi fēn zhī wǔ de yōuhuì.

B 您是我们的老顾客，我们可以给您5%的优惠。

Hái néng zài piányi ma?

A 还能再便宜吗?

Rúguǒ nín zhēn de xiǎng mǎi dehuà, wǒ kěyǐ gěi nín yí ge bǎi fēn zhī shí de yōuhuì,

B 如果您真的想买的话，我可以给您一个10%的优惠，

bù néng zài piányi le!

不能再便宜了!

Xièxie!　Wǒ zài kǎolǜ kǎolǜ.

A 谢谢! 我再考虑考虑。

Xīwàng nín rènzhēn kǎolǜ yíxià!

B 希望您认真考虑一下!

🎧 08-04

> **New Words**
> · **老板** lǎobǎn 몡 사장　· **方** fāng 톙 네모지다　· **老** lǎo 톙 오래된　· **顾客** gùkè 몡 고객
> · **考虑** kǎolǜ 됭 고려하다　· **认真** rènzhēn 톙 진지하다

가격 흥정 2

🎧 08-05

Lǐ jīnglǐ,　　　kànwán wǒmen gōngsī de chǎnpǐn, nín juéde zěnmeyàng?

A 李经理，看完我们公司的产品，您觉得怎么样?

Chǎnpǐn búcuò,　dànshì yǒudiǎnr guì.

B 产品不错，但是有点儿贵。

Wǒmen gōngsī de chǎnpǐn zhìliàng fēicháng hǎo, zhège jiàgé yě bú guì.

A 我们公司的产品质量非常好，这个价格也不贵。

Nín lǎo zhème shuō, wǒ xiān kǎolǜ kǎolǜ.

B 您老这么说，我先考虑考虑。

Nín kěyǐ zài shìchǎng shang diàochá yíxià, wǒmen de chǎnpǐn xiāoshòu de hěn hǎo.

A 您可以在市场上调查一下，我们的产品销售得很好。

Xīwàng nín néng rènzhēn kǎolù yíxià.
希望您能认真考虑一下。

08-06

• 老 lǎo 틧 늘

😊 협상 완료

Lǐ jīnglǐ,　　huānyíng nín lái wǒmen gōngsī. Wǒmen kāishǐ jīntiān de tánpàn ba.

A 李经理，欢迎您来我们公司。我们开始今天的谈判吧。

Wǒmen zài zuò shìchǎng diàochá shí, fāxiàn guì gōngsī de chǎnpǐn jiàgé bǐ qítā gōngsī gāo.

B 我们在做市场调查时，发现贵公司的产品价格比其他公司高。

Wǒ xiǎng guì gōngsī diàochá shí, yīnggāi yě zhīdào wǒmen de chǎnpǐn shì zuì yǒumíng de,

A 我想贵公司调查时，应该也知道我们的产品是最有名的，

zhìliàng hěn hǎo. Zhège jiàgé yìdiǎnr yě bú guì.
质量很好。这个价格一点儿也不贵。

Chǎnpǐn de zhìliàng dāngrán shì zuì zhòngyào de. Dànshì zhège jiàgé tài gāo le, néng bu néng

B 产品的质量当然是最重要的。但是这个价格太高了，能不能

piányi yìdiǎnr? Rúguǒ guì gōngsī gěi wǒmen yōuhuì bǎi fēn zhī shí, wǒmen zài mǎi yìqiān ge.
便宜一点儿？如果贵公司给我们优惠10%，我们再买1000个。

Wǒmen kǎolùle yíxià, rúguǒ guì gōngsī zài mǎi yìqiān ge, jiàgé kěyǐ yōuhuì bǎi fēn zhī shí.

A 我们考虑了一下，如果贵公司再买1000个，价格可以优惠10%。

Hǎo!　Nà wǒmen zhè cì mǎi qīqiān ge.

B 好！那我们这次买7000个。

Xièxie!　Xīwàng xià cì guì gōngsī hái huì zài xuǎnzé wǒmen de chǎnpǐn!

A 谢谢！希望下次贵公司还会再选择我们的产品！

08-08

• 发现 fāxiàn 동 발견하다, 나타내다　• 当然 dāngrán 틧 당연히, 물론

STEP 1 알맞게 연결하여 대화를 연습해 보세요.

1 李经理，看完我们公司的产品，您觉得怎么样？ •

2 王老板，这个方的桌子打折吗？ •

3 如果贵公司给我们优惠10%，我们再买1000个。 •

• 产品不错，但是有点儿贵。

• 您是我们的老顾客，我们可以给您5%的优惠。

• 我们考虑了一下，如果贵公司再买1000个，价格可以优惠10%。

STEP 2 제시된 단어로 바꾸어 연습해 보세요. 🎧 08-09

1 老张

黄　　　夏　　　关

2 休息休息

考虑考虑　　　说明说明　　　运动运动

3 希望下次贵公司还会再选择我们的产品。

我们 / 来这儿　　　　贵方 / 跟我公司合作
我 / 来见到您

4 你老这么<u>说</u>。

做　　　写　　　吃

5 <u>公司</u>这几年<u>发展</u>得<u>很好</u>。

产品 / 卖 / 挺好的　　　　　李先生 / 发展 / 非常好
公司的产品 / 销售 / 很好

6 您有很多的<u>管理经验</u>，我们希望您能来，请您认真<u>考虑一下</u>。

谈判 / 想一下　　　工作 / 再想想　　　销售 / 考虑考虑

STEP 3 제시된 사진의 상황에 '考虑'를 이용하여 알맞은 문장을 말해 보세요.

1

▶ _____

2

▶ _____

😊 가격에 대한 재협상

 🎧 08-10

Mǎ zǒng, zhège hézuò jìhuà wǒmen yǐjīng tǎolùnle hěn duō cì. Nín
马总，这个合作计划我们已经讨论了很多次。您

zuìhǎo zài kǎolǜ yíxià. Rúguǒ guì gōngsī bù jiēshòu zhège jìhuà, wǒmen
最好再考虑一下。如果贵公司不接受这个计划，我们

jiù zhǐ néng hé qítā gōngsī hézuò le. Wǒ fāng xiǎng tán ge hǎo yìdiǎnr de jiàqián,
就只能和其他公司合作了。我方想谈个好一点儿的价钱，

yě xiǎng hé guì gōngsī hézuò, dànshì jiàgé děi dī yìdiǎnr. Zhège jiàgé bǐ
也想和贵公司合作，但是价格得低一点儿。这个价格比

wǒmen xiǎng de yào gāo. Qǐng zài rènzhēn kǎolǜ yíxià jiàgé. Wǒ xià zhōu zài
我们想的要高。请再认真考虑一下价格。我下周再

liánxì nín.
联系您。

💬 Speaking Training

1. 빈칸을 자유롭게 채워 말해 보세요.
　　　我＿＿＿＿想谈个好一点儿的价钱，也想和贵公司
＿＿＿＿，但是价格得低一点儿。这个价格＿＿＿＿我们想的
＿＿＿＿高。请再认真＿＿＿＿一下价格。我下周再联系您。

🎧 08-11

New Words　•接受 jiēshòu 통 받아들이다, 수락하다　•方 fāng 명 편, 측

단문 **연습**

STEP 1 다음 문장과 본문 내용이 일치하면 V, 틀리면 X를 표시하고, 바르게 고쳐 말해 보세요.

1 这个合作计划我们已经讨论了很多次。 ☐

▶ _____

2 这个价格比他们想的要低。 ☐

▶ _____

3 我方想谈个好一点儿的质量。 ☐

▶ _____

STEP 2 다음 질문에 답해 보세요.

1 他们能不能接受马总提的价格?

▶ _____

2 这个价格对他们来说怎么样?

▶ _____

3 他什么时候再跟马总联系?

▶ _____

정리하기

1 백분율(%)

백분율은 다음과 같이 표시합니다.

8%	30%	35%	100%
百分之八	百分之三十	百分之三十五	百分之(一)百
bǎi fēn zhī bā	bǎi fēn zhī sānshí	bǎi fēn zhī sānshíwǔ	bǎi fēn zhī (yì)bǎi

2 부사 老

'老'가 부사로 사용되면 '늘', '항상'이라는 의미를 갖게 됩니다.

老给您添麻烦，真不好意思。
Lǎo gěi nín tiān máfan, zhēn bù hǎoyìsi.

他老呆在家里，也不出去走走。
Tā lǎo dāizài jiālǐ, yě bù chūqu zǒuzou.

她老闲不住。
Tā lǎo xián bu zhù.

他对人老那么亲切。
Tā duì rén lǎo nàme qīnqiè.

 闲不住 xián bu zhù 가만히 있지 못하다, 쉴 새 없이 바쁘다

Quiz 이번 과에서 배운 내용을 바탕으로 중국어로 써 보세요.

1. ① 8% ▶ _____ ② 30% ▶ _____

   ③ 35% ▶ _____ ④ 100% ▶ _____

2. ① 늘 불편만 끼쳐서 정말 죄송합니다. ▶ _____

   ② 그는 줄곧 집에만 틀어박혀 외출을 하지 않는다. ▶ _____

   ③ 그녀는 항상 쉴 새 없이 바쁘다. ▶ _____

   ④ 그는 사람을 대하는 게 늘 그렇게 친절하다. ▶ _____

3 最好

'最好'가 부사로 사용되면 '(가장) 바람직한 것은'이나 '(제일) 좋기는'이라는 뜻으로 사용됩니다.

夏天出门最好带把雨伞。
Xiàtiān chūmén zuìhǎo dài bǎ yǔsǎn.

最好听听别人的意见。
Zuìhǎo tīngting biérén de yìjiàn.

你最好考虑清楚再发表自己的意见。
Nǐ zuìhǎo kǎolǜ qīngchu zài fābiǎo zìjǐ de yìjiàn.

临睡前最好不要看恐怖小说，否则不能安稳地睡眠。
Lín shuì qián zuìhǎo búyào kàn kǒngbù xiǎoshuō, fǒuzé bù néng ānwěn de shuìmián.

发表 fābiǎo 图 발표하다 | 临 lín 개 ~에 이르다 | 恐怖 kǒngbù 명 공포 |
否则 fǒuzé 접 만약 그렇지 않으면 | 安稳 ānwěn 형 평온하다 | 睡眠 shuìmián 图 잠자다

4 一点儿也不……

'一点儿'이 '不/没'의 앞에 사용되면 완전 부정을 나타냅니다. '一点儿'과 '不/没' 사이에는 '也', '都' 등이 자주 사용됩니다.

她最近一点儿也不和别人交往。
Tā zuìjìn yìdiǎnr yě bù hé biérén jiāowǎng.

我一点儿也不赞成这个主意。
Wǒ yìdiǎnr yě bú zànchéng zhège zhǔyi.

这个价格一点儿也不贵。
Zhège jiàgé yìdiǎnr yě bú guì.

她一点儿都没变。
Tā yìdiǎnr dōu méi biàn.

交往 jiāowǎng 图 왕래하다 | 主意 zhǔyi 명 방법, 생각, 의견

3. ① 여름에 외출할 때는 우산을 지니는 것이 가장 좋다. ▶ _____

② 다른 사람의 의견을 들어 보는 것이 가장 좋다. ▶ _____

③ 너는 명확하게 생각해 보고 자기의 의견을 발표하는 것이 좋겠어. ▶ _____

④ 자기 전에는 공포 소설을 보지 않는 게 좋아. 그렇지 않으면 평안하게 잠잘 수 없잖아. ▶ _____

4. ① 그녀는 최근 조금도 다른 사람과 만나지 않는다. ▶ _____

② 나는 이 생각에 조금도 찬성하지 않는다. ▶ _____

③ 이 가격은 조금도 비싸지 않다. ▶ _____

④ 그녀는 조금도 변하지 않았다. ▶ _____

종합 연습

1 녹음을 듣고 대화 내용과 일치하는 것을 고르세요. 🎧 08-12

(1) (   )   (2) (   )

2 녹음을 듣고 질문에 알맞은 답을 고르세요. 🎧 08-13

(1) **A** 5%   **B** 10%   **C** 15%

(2) **A** 1000个   **B** 3000个   **C** 7000个

3 주어진 단어를 사용하여 빈칸을 채우세요.

> **보기**   不错   希望   有点儿   质量   老

리 사장이 상품의 가격에 대해 흥정하고 있다.

A 李经理，看完我们公司的产品，您觉得怎么样？

B 产品_____，但是_____贵。

A 我们公司的产品_____非常好，这个价格也不贵。

B 您_____这么说，我先考虑考虑。

A 您可以在市场上调查一下，我们的产品销售得很好。

_____您能认真考虑一下。

4 주어진 단어를 알맞은 순서로 배열하여 문장을 완성하세요.

(1) 讨论了   这个   我们   已经   很多次   合作计划   。

　▶ _____

(2) 我方   价钱   想   个   好一点儿的   谈   。

　▶ _____

(3) 一下   再   请   价格   认真   考虑   。

　▶ _____

5 괄호 안의 단어를 넣어 연습한 후, 자유롭게 교체하여 대화해 보세요.

(1) A 王老板，这个_____打折吗？(方的桌子)
　　B 您是我们的老顾客，我们可以给您_____的优惠。(5%)

(2) A 李经理，看完我们公司的产品，您觉得怎么样？
　　B 产品不错，但是有点儿_____。(贵)

6 제시된 표현을 사용하여 다음 주제와 상황에 맞게 말해 보세요.

> 주제 가격 흥정하기
>
> 상황 상품이 마음에 들지만 가격이 비싼 편입니다. 가격 흥정을 하세요.
>
> 표현 打折   优惠   便宜   考虑   有点儿

Wèi wǒmen hézuò chénggōng gānbēi!

为我们合作成功干杯！

| 우리의 성공적인 협력을 위해 건배!

학습 목표 □ 업무와 관련된 연회 자리에 어울리는 표현을 말할 수 있다.

학습 내용 □ 为 □ 건배사(敬酒词) □ ……不了 □ 초대장

STEP 1 이번 과의 주제와 관련된 단어를 따라 읽어 보세요. 🎧 09-01

宴会
yànhuì
연회, 파티

干杯
gānbēi
건배하다

成功
chénggōng
성공하다

STEP 2 이번 과의 핵심 문장을 발음과 억양에 유의하여 따라 읽어 보세요. 🎧 09-02

1 谢谢您的邀请。　　　　　　　　　　　　☑ ☐ ☐
Xièxie nín de yāoqǐng.

2 为我们合作成功干杯！　　　　　　　　　☑ ☐ ☐
Wèi wǒmen hézuò chénggōng gānbēi!

3 这次宴会是为了感谢您和贵公司帮我们解决了问题。　☑ ☐ ☐
Zhè cì yànhuì shì wèile gǎnxiè nín hé guì gōngsī
bāng wǒmen jiějuéle wèntí.

저녁 연회

 🎧 09-03

Huáng xiānsheng, wǎnshang hǎo, hěn gāoxìng nín néng lái. Qǐng shàng zuò.

A 黄先生，晚上好，很高兴您能来。请上坐。

Xièxie nín de yāoqǐng.

B 谢谢您的邀请。

Mǎ jīnglǐ mǎshàng dào, tā yìzhí hěn xīwàng nín néng cānjiā zhè cì yànhuì.

A 马经理马上到，他一直很希望您能参加这次宴会。

Nín xiǎng yào hē diǎnr shénme?

您想要喝点儿什么？

Xièxie,   lái bēi chá ba!

B 谢谢，来杯茶吧！

🎧 09-04

New Words • 宴会 yànhuì 명 연회

건배 제의

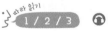 🎧 09-05

Mǎ zǒng, yīnwèi nín, zhè cì tánpàn cái huì chénggōng.

A 马总，因为您，这次谈判才会成功。

Nǎlǐ nǎlǐ,   nín tài kèqi le.

B 哪里哪里，您太客气了。

Xīwàng xià cì hái yǒu jīhuì hé Mǎ zǒng hézuò.

A 希望下次还有机会和马总合作。

Wǒmen xiān gān yì bēi, xīwàng wǒmen zhè cì hézuò yúkuài!

B 我们先干一杯，希望我们这次合作愉快！

Bàoqiàn, wǒ kāichē, hē bu liǎo jiǔ, lái bēi chá ba, wèi wǒmen hézuò chénggōng gānbēi!

A 抱歉，我开车，喝不了酒，来杯茶吧，为我们合作成功干杯！

Gānbēi!

B 干杯！

🎧 09-06

New Words • 成功 chénggōng 동 성공하다 • 为 wèi 개 ~을 위하여

😊 차후 협업 제의

Wáng xiānsheng, nín shì qǐyè ānquán guǎnlǐ fāngmiàn de zhuānjiā. Zhè cì yànhuì shì wèile

A 王先生，您是企业安全管理方面的专家。这次宴会是为了

gǎnxiè nín hé guì gōngsī bāng wǒmen jiějuéle wèntí.

感谢您和贵公司帮我们解决了问题。

Wǒmen gōngsī de ānquán guǎnlǐ yèwù yìzhí dōu hěn hǎo,　hěn duō qǐyè dōu huì hé

B 我们公司的安全管理业务一直都很好，很多企业都会和

wǒmen hézuò.

我们合作。

Shàng cì de hézuò fēicháng yúkuài. Lìngwài, wǒmen xīwàng yóu guì gōngsī lái fùzé

A 上次的合作非常愉快。另外，我们希望由贵公司来负责

wǒmen qǐyè de ānquán guǎnlǐ gōngzuò,　nín juéde zěnmeyàng?

我们企业的安全管理工作，您觉得怎么样？

Wǒmen yě yuànyì hé guì gōngsī hézuò.

B 我们也愿意和贵公司合作。

Hézuò tiáojiàn wǒmen huì zài lìngwài de shíjiān zài hé guì gōngsī tán. Jīntiān xiān wèi

A 合作条件我们会在另外的时间再和贵公司谈。今天先为

wǒmen shàng cì de hézuò chénggōng gānbēi!

我们上次的合作成功干杯！

Gānbēi!

B 干杯！

🎧 09-08

New Words

● **安全** ānquán 〔형〕 안전하다　● **专家** zhuānjiā 〔명〕 전문가　● **条件** tiáojiàn 〔명〕 조건

● **另外** lìngwài 〔대〕 다른, 그 밖의

STEP 1 알맞게 연결하여 대화를 연습해 보세요.

1. 晚上好，很高兴您能来。　　・

2. 我们希望由贵公司来负责　　・
   我们企业的安全管理工作，
   您觉得怎么样？

3. 为我们合作成功干杯！　　・

・ 我们也愿意和贵公司
　合作。

・ 干杯！

・ 谢谢您的邀请。

STEP 2 제시된 단어로 바꾸어 연습해 보세요.　　🔊 09-09

1. 希望下次还有机会和马总合作。

   | 能拜访他 | 和你一起工作 | 来中国 |

2. 希望我们这次合作愉快。

   | 可以成为好朋友 | 能建立长久的合作关系 |
   | 能够一起努力工作 | |

   🔔 长久 chángjiǔ 📖 오래다

3. 我要开车，喝不了酒。

   | 明天得开会 / 出不了差 | 没带信用卡 / 付不了钱 |
   | 丢了护照 / 坐不了飞机 | |

   🔔 丢 diū 📖 잃어버리다

4 为我们的<u>合作</u>干杯。

> 健康　　　　　谈判成功　　　　　公司的发展

5 王先生，为了<u>感谢您的帮助</u>，我们<u>安排</u>了<u>这次宴会</u>。

> 解决问题 / 邀请 / 专家　　　　　这次的合作 / 安排 / 谈判
> 了解中国市场 / 做 / 一次调查

6 另外，我们希望由<u>贵公司</u>来负责<u>我们企业</u>的<u>安全管理</u>工作。

> 李经理 / 这个　　　　她 / 销售部　　　　王秘书 / 接待

(((•))) **接待** jiēdài 통 접대하다

STEP 3　다음 제시된 업무 관련 다과 및 연회 자리에 알맞게 말해 보세요.

1

▶ _____

2

▶ _____

😊 건배사

Dàjiā wǎnshang hǎo! Jīntiān yāoqǐng gèwèi cānjiā yànhuì, shì wèile gǎnxiè
大家晚上好！今天邀请各位参加宴会，是为了感谢

dàjiā duō nián lái hé wǒmen gōngsī de hézuò. Gèwèi dōu shì gōngsī duō nián de
大家多年来和我们公司的合作。各位都是公司多年的

lǎo kèhù. Gōngsī xiànzài fāzhǎn de hěn kuài, chǎnpǐn zài shìchǎng shang xiāoshòu
老客户。公司现在发展得很快，产品在市场上销售

de fēicháng hǎo, zhèxiē nián hé dàjiā de hézuò yě fēicháng yúkuài! Wǒmen gōngsī
得非常好，这些年和大家的合作也非常愉快！我们公司

de chénggōng lí bu kāi gèwèi de bāngzhù, gǎnxiè dàjiā!　　Wèi wǒmen de hézuò
的成功离不开各位的帮助，感谢大家！　为我们的合作

gānbēi!
干杯！

💬 Speaking Training

1. 빈칸을 자유롭게 채워 말해 보세요.

大家晚上好！今天＿＿＿各位参加宴会，是＿＿＿
感谢大家多年来和我们公司的＿＿＿。我们公司的成功
＿＿＿各位的帮助，感谢大家！＿＿＿我们的合作＿＿＿！

STEP 1 다음 문장과 본문 내용이 일치하면 V, 틀리면 X를 표시하고, 바르게 고쳐 말해 보세요.

1 他们的产品在市场上销售得不太好。 ☐

▶ _____

2 在场的各位都是公司的新客户。 ☐

▶ _____

3 公司的成功离不开各位的帮助。 ☐

▶ _____

STEP 2 다음 질문에 답해 보세요.

1 他们现在在哪儿？

▶ _____

2 公司的产品在市场上销售的怎么样？

▶ _____

3 参加宴会的各位和公司有什么关系？

▶ _____

정리하기

1 为

'为'는 '为了'처럼 '~을 위하여'라는 의미를 가집니다. 하지만 '为了' 뒤에 행위의 목적만 오는 것과 다르게 '为' 뒤에는 원인이나 대상도 올 수 있습니다.

公司为各位贵宾准备了不同的礼物。
Gōngsī wèi gèwèi guìbīn zhǔnbèile bùtóng de lǐwù.

我为你做一切。
Wǒ wèi nǐ zuò yíqiè.

你不要为她担心。
Nǐ búyào wèi tā dānxīn.

我为你自豪。
Wǒ wèi nǐ zìháo.

贵宾 guìbīn 圐 귀중한 손님 | **一切** yíqiè 団 일체, 모든 것 | **自豪** zìháo 톙 자랑으로 여기다

2 건배사(敬酒词)

중국에서 만찬을 하다 보면 건배를 제의할 경우가 많습니다. 유용한 건배사 몇 가지를 외워 두는 것은 필수입니다.

돈 많이 버시고 사업이 번창하시길 바랍니다	나날이 번창하시고 모든 일이 순조롭기를 바랍니다
财源广进、生意兴隆	步步高升、万事顺利
cáiyuán guǎng jìn、shēngyì xīnglóng	bùbù gāoshēng、wànshì shùnlì
건강하시고 모든 일이 뜻대로 되시기 바랍니다	**사업이 순조롭고 장래가 유망하기를 바랍니다**
身体健康、吉祥如意	事业顺利、鹏程万里
shēntǐ jiànkāng、jíxiáng rúyì	shìyè shùnlì、péngchéng wànlǐ

 Quiz 이번 과에서 배운 내용을 바탕으로 중국어로 써 보세요.

1. ① 회사는 각 귀빈을 위해 서로 다른 선물을 준비했다. ▶ _____

   ② 나는 너를 위해 무엇이든 한다. ▶ _____

   ③ 당신은 그녀 때문에 걱정할 필요 없다. ▶ _____

   ④ 나는 당신 때문에 뿌듯해요. ▶ _____

2. ① 돈 많이 버시고 사업이 번창하시길 바랍니다. ▶ _____

   ② 나날이 번창하시고 모든 일이 순조롭기를 바랍니다. ▶ _____

   ③ 건강하시고 모든 일이 뜻대로 되시기 바랍니다. ▶ _____

   ④ 사업이 순조롭고 장래가 유망하기를 바랍니다. ▶ _____

3 ……不了

'不了'는 동사 뒤에 쓰여 동작이 이루어지기 어려움을 강조합니다.

我的愿望可能实现不了了。
Wǒ de yuànwàng kěnéng shíxiàn bu liǎo le.

时间太长了，我等不了。
Shíjiān tài cháng le, wǒ děng bu liǎo.

脚有点儿疼，再也走不了了。
Jiǎo yǒudiǎnr téng, zài yě zǒu bu liǎo le.

您放心，我错不了事。
Nín fàngxīn, wǒ cuò bu liǎo shì.

愿望 yuànwàng 몡 바람, 희망 | 实现 shíxiàn 됭 실천하다, 달성하다

4 초대장

> 尊敬的马修远先生：
> 　　谨定于2020年12月10日（星期四）晚18时在三友饭店举行酒会。
> 　　敬请
> 光临
>
> 　　　　　　　　　　　　　　　　　　　　　　　　　　CTI公司
> 　　　　　　　　　　　　　　　　　　　　　　　　　　2020年12月5日

존경하는 미스터 마슈위앤
2020년 12월 10일(목요일) 저녁 6시 싼여우 호텔에서 파티가 예정되어 있습니다.
참석해 주시면 감사하겠습니다.

　　　　　　　　　　　　　　　　　　　　　　　　　CTI 회사
　　　　　　　　　　　　　　　　　　　　　　　　　2020년 12월 5일

---

3. ① 내 바람은 아마도 실천할 수 없을 것이다. ▶ _____

② 발이 좀 아파서 더 걸을 수가 없다. ▶ _____

③ 시간이 너무 길어서 나는 기다리지 못한다. ▶ _____

④ 당신은 맘 놓고 계세요. 저는 일을 그르치지 않아요. ▶ _____

종합 연습

1 녹음을 듣고 대화 내용과 일치하는 것을 고르세요. 🎧 09-11

(1) (   )   (2) (   )

2 녹음을 듣고 질문에 알맞은 답을 고르세요. 🎧 09-12

(1) **A** 喝的   **B** 吃的   **C** 穿的

(2) **A** 安全管理工作   **B** 企业管理   **C** 合作条件

3 주어진 단어를 사용하여 빈칸을 채우세요.

> **보기**   机会   愉快   客气   干   不了

서로 건배를 제의하고 있다.

A 马总，因为您，这次谈判才会成功。

B 哪里哪里，您太_____了。

A 希望下次还有_____和马总合作。

B 我们先_____一杯，希望我们这次合作_____！

A 抱歉，我开车，喝_____酒，来杯茶吧，为我们合作成功干杯！

B 干杯！

4 주어진 단어를 알맞은 순서로 배열하여 문장을 완성하세요.

(1) 老　各位　是　多年的　客户　都　公司　。

▶ _____

(2) 在市场上　产品　好　得　非常　销售　。

▶ _____

(3) 为　干杯　合作　我们的　！

▶ _____

5 괄호 안의 단어를 넣어 연습한 후, 자유롭게 교체하여 대화해 보세요.

(1) A 马总，因为您，这次_____。(谈判才会成功)
　　B 哪里哪里，您太客气了。

(2) A 你想要喝点什么？
　　B 谢谢，来杯_____吧！(茶)

6 제시된 표현을 사용하여 다음 주제와 상황에 맞게 말해 보세요.

주제　건배하기

상황　만찬 자리에서 건배를 할 상황입니다. 적절한 말과 함께 건배를 제의해 보세요.

표현　为　成功　合作　健康　友谊　发展

Qītiān bāo tuì

七天包退

| 7일 내 환불 가능

반품하고 싶습니다.

네, 영수증을 보여 주세요.

학습 목표 □ 구매한 물건에 대해 취소나 환불을 요구하는 표현을 할 수 있다.

학습 내용 □ 중국의 사이즈 표기 (1)−옷 □ 중국의 사이즈 표기 (2)−신발
□ 의류 관련 필수 어휘 □ 不得不

STEP 1 이번 과의 주제와 관련된 단어를 따라 읽어 보세요. 🎧 10-01

退货
tuìhuò
반품하다

发票
fāpiào
영수증

订单号
dìngdān hào
주문번호

STEP 2 이번 과의 핵심 문장을 발음과 억양에 유의하여 따라 읽어 보세요. 🎧 10-02

1 请给我把这个菜退了。 ☑ ☐ ☐
Qǐng gěi wǒ bǎ zhège cài tuì le.

2 请给我看一下您的发票。 ☑ ☐ ☐
Qǐng gěi wǒ kàn yíxià nín de fāpiào.

3 您付款时是刷信用卡的吧? ☑ ☐ ☐
Nín fùkuǎn shí shì shuā xìnyòngkǎ de ba?

😊 **주문 음식 취소**

Fúwùyuán, wǒ de cài zěnme hái méi shàng?

A 服务员，我的菜怎么还没上？

Bàoqiàn, xiānsheng, wǒ kàn yíxià.

B 抱歉，先生，我看一下。

Rúguǒ hái bú shàng dehuà, qǐng gěi wǒ bǎ zhège cài tuì le.

A 如果还不上的话，请给我把这个菜退了。

Hǎo de, wǒ qù kàn yíxià, rúguǒ wǔ fēnzhōng hòu hái méi shàng, wǒ jiù gěi nín tuì le.

B 好的，我去看一下，如果五分钟后还没上，我就给您退了。

Hǎo, wǒ zuì duō zài děng wǔ fēnzhōng.

A 好，我最多再等五分钟。

🎧 10-04

> New Words • 退 tuì 图 반환하다, 무르다

😊 **신발 환불**

Lǎobǎn, nín hǎo! Zhè shuāng xié chuānzhe bù shūfu, wǒ yào tuìhuò

A 老板，您好！这双鞋穿着不舒服，我要退货。

Nín zhè shuāng shì sānshíqī hào de, yào huàn yì shuāng ma?

B 您这双是37号的，要换一双吗？

Búyòng le, wǒ xiǎng tuìhuò.

A 不用了，我想退货。

Hǎo de, qǐng gěi wǒ kàn yíxià nín de fāpiào.

B 好的，请给我看一下您的发票。

Gěi nín. Shì qītiān bāo tuì, yí ge yuè bāo huàn ba?

A 给您。是七天包退，一个月包换吧？

Shì de, qǐng děng yíxià, wǒ gěi nín bàn yíxià tuìhuò de shǒuxù.

B 是的，请等一下，我给您办一下退货的手续。

Nín fùkuǎn shí shì shuā xìnyòngkǎ de ba?

您付款时是刷信用卡的吧？

Shì de.

A 是的。

Sān tiān hòu qián huì tuìdào nín de xìnyòngkǎ lǐ, dào shíhou qǐng nín cháshōu yíxià.

B 三天后钱会退到您的信用卡里，到时候请您查收一下。

🎧 10-06

New Words
· **双** shuāng 양 켤레 · **鞋** xié 명 신발 · **发票** fāpiào 명 영수증 · **包** bāo 동 보장하다
· **查收** cháshōu 동 살펴보고 받다

😊 인터넷 쇼핑 물건 반품

따라 읽기 1 / 2 / 3 🎧 10-07

Nǐ hǎo,　kèfú zhōngxīn.

A 你好，客服中心。

Nǐ hǎo, wǒ cóng nǐmen wǎngzhàn mǎile yí tào xīzhuāng, dànshì tài shòu le. Wǒ yào tuìhuò.

B 你好，我从你们网站买了一套西装，但是太瘦了。我要退货。

Qǐngwèn nín de dìngdān hào shì duōshǎo?

A 请问您的订单号是多少？

B　líng　sì　yāo sān jiǔ　èr wǔ　qī bā　liù.

B B-0-4-1-3-9-2-5-7-8-6。

Nín de zhè tào xīzhuāng shì qītiān bāo tuì de, wǒmen huì ānpái gōngzuò rényuán miǎnfèi

A 您的这套西装是七天包退的，我们会安排工作人员免费

shàng mén qǔ huò. Qǔ huò de dìzhǐ hé dìngdān shang de yíyàng ma?

上门取货。取货的地址和订单上的一样吗？

Shì de,　dàgài shénme shíhou lái qǔ?

B 是的，大概什么时候来取？

Yīnwèi zuìjìn dìngdān hěn duō, kěnéng huì xūyào jǐ tiān shíjiān.　Wǒmen de gōngzuò

A 因为最近订单很多，可能会需要几天时间。我们的工作

rényuán huì tíqián hé nín liánxì de.

人员会提前和您联系的。

🎧 10-08

New Words
· **网站** wǎngzhàn 명 웹사이트 · **套** tào 양 벌, 세트
· **瘦** shòu 형 (의복이나 양말·신발 따위가) 작다

STEP **1** 알맞게 연결하여 대화를 연습해 보세요.

1 服务员，我的菜怎么还没上？ •

2 您这双是37号的，要换一双吗？ •

3 取货的地址和订单上的一样吗？ •

• 是的，大概什么时候来取？

• 抱歉，先生，我看一下。

• 不用了，我想退货。

STEP **2** 제시된 단어로 바꾸어 연습해 보세요. 🎧 10-09

1 请给我把这个菜退了。

> 件 / 衣服   双 / 鞋   些 / 水果

2 这双鞋穿着不舒服，我要退货。

> 个 / 眼镜 / 戴   件 / 衣服 / 穿   个 / 沙发 / 坐

3 您这双是37号的，要换一双吗？

> 件 / 小   件 / 中   件 / 大   件 / 加大

🔔 加大 jiādà 명 XL 사이즈

4 请给我看一下您的<u>发票</u>。

护照　　　　身份证　　　　驾照

◀》） **驾照** jiàzhào 몡 운전 면허증

5 您付款时是<u>刷信用卡</u>的吧？

付 / 现金　　　　扫 / 支付宝　　　　用 / 微信支付

6 我买的<u>西装太瘦</u>了，我要退货。

手表 / 不走　　　　　　笔记本电脑 / 突然坏
自行车 / 有毛病

◀》） **毛病** máobìng 몡 고장, 결함

STEP 3 다음 그림의 상품에 대한 환불, 교환 및 수리 등을 요청해 보세요.

1

▸ _____

2

▸ _____

😊 반품 요청

Mǎ jīnglǐ, wǒ gōngsī zài èr líng èr líng nián wǔ yuè jiǔ hào shōudàole guì
马经理，我公司在2020年5月9号收到了贵

gōngsī fālái de yìqiān tái diànshìjī. Gēnjù hétong, rúguǒ diànshìjī zhìliàng
公司发来的1000台电视机。根据合同，如果电视机质量

yǒu wèntí, wǒmen kěyǐ yāoqiú tuìhuò. Wǒ hěn bàoqiàn de tōngzhī nín, jīngguò
有问题，我们可以要求退货。我很抱歉地通知您，经过

jiǎnchá, guì gōngsī shēngchǎn de diànshìjī méiyǒu dádào hétong zhōng de zhìliàng
检查，贵公司生产的电视机没有达到合同中的质量

biāozhǔn, wǒ gōngsī bù dé bù tuìhuò. Qǐng nín gěi wǒ huí ge diànhuà.
标准，我公司不得不退货。请您给我回个电话。

Xièxie.
谢谢。

💬 Speaking Training

1. 빈칸을 자유롭게 채워 말해 보세요.

　　马经理，我公司在2020年5月9号_____了贵公司
发来的1000台电视机。我很抱歉地_____您，_____
检查，贵公司生产的电视机没有_____合同中的质量
_____，我公司_____退货。请您给我回个电话。
谢谢。

🎧 10-11

New Words
● 台 tái 양 대[기계 등을 세는 단위]　　● 合同 hétong 명 계약서
● 不得不 bù dé bù ～하지 않을 수 없다

단문 **연습**

STEP 1 다음 문장과 본문 내용이 일치하면 V, 틀리면 X를 표시하고, 바르게 고쳐 말해 보세요.

1 我公司在2020年5月9号收到了贵公司发来的1000台电视机。 ☐

▸ _____

2 根据合同，如果电视机质量有问题，也不能要求退货。 ☐

▸ _____

3 经过检查，他们发现了电视机没有达到合同中的质量标准。 ☐

▸ _____

STEP 2 다음 질문에 답해 보세요.

1 2020年5月9号，他们收到的是什么？

▸ _____

2 他们为什么要求退货？

▸ _____

3 经过检查他们知道了什么？

▸ _____

정리하기

1 중국의 사이즈 표기(1)-옷

중국어에서 사이즈 S, M, L, XL, XXL은 각각 '小号', '中号', '大号', '加大号', '特大号'라고 합니다.

남성 의류(상의)

국제 표준	S	M	L	XL	XXL
한국	90	95	100	105	110
중국	46	48	50	52	54

여성 의류(상의)

국제 표준	S	M	L	XL	XXL
한국	55	66	77	88	
중국	36	38	40	42	44

2 중국의 사이즈 표기(2)-신발

중국의 신발 사이즈는 한국 신발 사이즈(mm)에서 50을 뺀 후 5로 나눈 값입니다.

한국	235	240	245	250	255	260	265	270	275	280
중국	37	38	39	40	41	42	43	44	45	46

Quiz

이번 과에서 배운 내용을 바탕으로 중국어로 써 보세요.

1. ① S
   ▶ _____

   ② M
   ▶ _____

   ③ L
   ▶ _____

   ④ XL
   ▶ _____

   ⑤ XXL
   ▶ _____

3 의류 관련 필수 어휘

남성복	여성복	아동복	가슴 둘레
男裝 nánzhuāng	女裝 nǚzhuāng	童裝 tóngzhuāng	胸围 xiōngwéi
남성 바지	여성 바지	호수	허리 둘레
男裤 nán kù	女裤 nǚ kù	尺码 chǐmǎ	腰围 yāowéi
셔츠	스웨터	신장	엉덩이 둘레
衬衫 chènshān	毛衣 máoyī	身高 shēngāo	臀围 túnwéi
양복	원피스	어깨 너비	소매 길이
西裝 xīzhuāng	连衣裙 liányīqún	肩宽 jiānkuān	袖长 xiùcháng

4 不得不

'不得不'는 부사로 '~하지 않으면 안 된다', '반드시 ~해야 한다'라는 의미로 '必须'와 비슷한 의미를 가집니다.

飞机票买不到，我们不得不改成火车。
Fēijī piào mǎi bu dào, wǒmen bù dé bù gǎichéng huǒchē.

那么其他成员也不得不做。
Nàme qítā chéngyuán yě bù dé bù zuò.

我不得不让你们走了。
Wǒ bù dé bù ràng nǐmen zǒu le.

成员 chéngyuán 명 성원, 구성 인원

---

3. ① 호수 ▶ _____ ② 신장 ▶ _____

③ 어깨 너비 ▶ _____ ④ 가슴 둘레 ▶ _____

⑤ 허리 둘레 ▶ _____ ⑥ 엉덩이 둘레 ▶ _____

⑦ 소매 길이 ▶ _____ ⑧ 양복 ▶ _____

4. ① 비행기표를 못 사서 우리는 어쩔 수 없이 기차로 바꾸었다. ▶ _____

② 그럼 다른 멤버들도 할 수밖에 없다. ▶ _____

③ 제가 당신들을 보내 드릴 수밖에 없네요. ▶ _____

종합 연습

10-12

1 녹음을 듣고 대화 내용과 일치하는 것을 고르세요.

A   B   C

(1) (　　　　　)　　　　　　　(2) (　　　　　)

2 녹음을 듣고 질문에 알맞은 답을 고르세요.

10-13

(1) **A** 两天   **B** 七天   **C** 一个月

(2) **A** 设计   **B** 大小   **C** 颜色

3 주어진 단어를 사용하여 빈칸을 채우세요.

> 보기 五分钟后 最多 退 给 抱歉

식당에서 주문한 음식이 계속 나오지 않고 있다.

A 服务员，我的菜怎么还没上？

B ＿＿＿＿＿，先生，我看一下。

A 如果还不上的话，请给我把这个菜＿＿＿＿＿了。

B 好的，我去看一下，如果＿＿＿＿＿还没上，我就＿＿＿＿＿您退了。

A 好，我＿＿＿＿＿再等五分钟。

4 주어진 단어를 알맞은 순서로 배열하여 문장을 완성하세요.

(1) 在2020年5月9号　　我公司　　发来的　　贵公司　　1000台
　　电视机　　收到了　　。

▶ _____

(2) 贵公司　　合同中的　　电视机　　没有　　达到　　生产的　　质量标准　　。

▶ _____

(3) 电话　　请　　回个　　您　　给我　　。

▶ _____

5 괄호 안의 단어를 넣어 연습한 후, 자유롭게 교체하여 대화해 보세요.

(1) A 我最多再等_____。（五分钟）
　　B 我这就去给您看看。

(2) A 请给我看一下您的发票。
　　B 给您。是_____包退，_____包换吧？（七天/一个月）
　　A 是的，请等一下，我给您办一下退货的手续。

6 제시된 표현을 사용하여 다음 주제와 상황에 맞게 말해 보세요.

주제 환불 또는 교환하기

상황 상품에 문제가 있어서 다시 상점에 왔습니다. 환불이나 교환을 요구하세요.

표현 退货　　包退　　包换　　质量　　发票　　信用卡

Xīwàng zhèyàng de wèntí yǐhòu bú zài fāshēng.

希望这样的问题以后不再发生。

| 이런 일이 다시는 발생하지 않기를 바랍니다.

이번에 제가 일을 제대로 하지 못했습니다.

이런 문제가 다시는 생기지 않았으면 합니다.

학습 목표 ☐ 클레임을 제기하는 표현을 할 수 있다.

학습 내용 ☐ 不再 vs 再不   ☐ 以后   ☐ 肯定   ☐ 其实

이번 과의 주제와 관련된 단어를 따라 읽어 보세요. 🎧 11-01

发货	抱歉	晚点
fā huò	bàoqiàn	wǎndiǎn
하물을 발송하다	미안하게 생각하다	연착(연발)하다

이번 과의 핵심 문장을 발음과 억양에 유의하여 따라 읽어 보세요. 🎧 11-02

1 我马上去解决这件事。 ☑ ☐ ☐

Wǒ mǎshàng qù jiějué zhè jiàn shì.

2 希望这样的问题以后不再发生。 ☑ ☐ ☐

Xīwàng zhèyàng de wèntí yǐhòu bú zài fāshēng.

3 这次是我做得不好, 以后我一定提前说。 ☑ ☐ ☐

Zhè cì shì wǒ zuò de bù hǎo, yǐhòu wǒ yídìng tíqián shuō.

😊 클레임 1

따라 읽기 1 / 2 / 3 🎧 11-03

Huānyíng gèwèi gùkè guānglín běn diàn gòuwù!

A 欢迎各位顾客光临本店购物！

Shì Wēn jīnglǐ ma? Wǒ mǎi de dōngxi zhòngliàng bú gòu.

B 是温经理吗？我买的东西重量不够。

Nín shénme shíjiān mǎi de? Wǒ bāng nín chá yíxià.

A 您什么时间买的？我帮您查一下。

Zuótiān xiàwǔ.　　Wǒ fùle sān jīn de qián, dàn zhǐyǒu liǎng jīn bàn.

B 昨天下午。我付了三斤的钱，但只有两斤半。

Nín zài zhèr xiūxi yíxià,　　wǒ mǎshàng qù jiějué zhè jiàn shì.

A 您在这儿休息一下，我马上去解决这件事。

Xīwàng zhèyàng de wèntí yǐhòu bú zài fāshēng.

B 希望这样的问题以后不再发生。

🎧 11-04

New Words

- 购物 gòuwù 동 쇼핑하다 · 重量 zhòngliàng 명 무게 · 斤 jīn 양 근
- 以后 yǐhòu 명 이후 · 发生 fāshēng 동 발생하다

😊 클레임 2

따라 읽기 1 / 2 / 3 🎧 11-05

Wéi, shì Xiǎo Gāo ma?　　Wǒ shì Zhōu jīnglǐ.

A 喂，是小高吗？我是周经理。

Zhōu jīnglǐ nín hǎo, wǒ shì Xiǎo Gāo. Yǒu shénme shì ma?

B 周经理您好，我是小高。有什么事吗？

Wǒmen hái méiyǒu shōudào nǐmen gōngsī de huòwù.

A 我们还没有收到你们公司的货物。

Bàoqiàn a, Zhōu jīnglǐ! Wǒmen zhèbianr fā huò wǎn le, dànshì míngtiān yídìng néng dào,

B 抱歉啊，周经理！我们这边儿发货晚了，但是明天一定能到，

bú huì yǐngxiǎng nín de shēngyì.

不会影响您的生意。

Nǐ yīnggāi tíqián gēn wǒmen shuō, wǒmen yǐwéi jīntiān kěndìng néng shōudào.

A 你应该提前跟我们说，我们以为今天肯定能收到。

Shì, zhè cì shì wǒ zuò de bù hǎo,　yǐhòu wǒ yídìng tíqián shuō.

B 是，这次是我做得不好，以后我一定提前说。

Xīwàng zhèyàng de wèntí yǐhòu bú zài fāshēng.

A 希望这样的问题以后不再发生。

🎧 11-06

New Words
- **影响** yǐngxiǎng 동명 영향(을 미치다)
- **以为** yǐwéi 동 ～라 여기다
- **肯定** kěndìng 부 확실히, 틀림없이

😊 **비행기 지연**

 🎧 11-07

Gèwèi chéngkè,　yóuyú tiānqì yuányīn,　yóu Běijīng fēiwǎng Xī'ān de fēijī wǎndiǎn

A 各位乘客，由于天气原因，由北京飞往西安的飞机晚点

yì xiǎoshí wǔshí fēnzhōng.

1小时50分钟。

Yòu wǎndiǎn? Shàng cì fēijī wǎndiǎn,　jiù yǐngxiǎngle wǒ yì bǐ dà shēngyì!

B 又晚点？上次飞机晚点，就影响了我一笔大生意！

Wǒ yào zhǎo nǐmen jīnglǐ!

我要找你们经理！

Xiānsheng nín hǎo, guānyú fēijī wǎndiǎn, wǒmen zhēn de fēicháng bàoqiàn. Dànshì wèile

A 先生您好，关于飞机晚点，我们真的非常抱歉。但是为了

nín de ānquán, wǒmen bù néng zài zhè zhǒng tiānqì tiáojiàn xia qǐfēi. Xièxie nín de hézuò.

您的安全，我们不能在这种天气条件下起飞。谢谢您的合作。

Xīwàng zhèyàng de shìqing yǐhòu bú zài fāshēng.

B 希望这样的事情以后不再发生。

🎧 11-08

New Words
- **乘客** chéngkè 명 승객
- **笔** bǐ 양 금전이나 그것과 관계된 곳에 쓰이는 양사

STEP 1 알맞게 연결하여 대화를 연습해 보세요.

1 这次是我做得不好，
以后我一定提前说。　　　·

　　·　先生您好，关于飞机晚
点，我们真的非常抱歉。

2 周经理您好，我是小高。
有什么事吗？　　　·

　　·　希望这样的问题以后不
再发生。

3 又晚点？上次飞机晚点，
就影响了我一笔大生意！　　·

　　·　我们还没有收到你们公
司的货物。

STEP 2 제시된 단어로 바꾸어 연습해 보세요.　　　🎧 11-09

1 我帮您<u>查</u>一下。

安排　　　试　　　问

2 我马上<u>去解决这件事</u>。

就开始了　　　给律师打电话　　　向经理报告

🔔 **律师** lǜshī 圀 변호사

3 <u>我以为</u><u>今天是星期三</u>。

小王 / 他去了大公司　　　小文 / 我坐火车来的
小李 / 要出差三天

4 由于<u>天气原因</u>，<u>由北京飞往西安的飞机晚点1小时50分钟</u>。

> 他不断的插话 / 我无法把想说的话都说出来
> 大公司的竞争 / 他的生意陷入了困境
> 你反对 / 我们不去了

5 <u>上次飞机的晚点</u>，影响了<u>我一笔大生意</u>。

> 技术力量不足 / 工作的发展　　　韩流文化 / 很多中国年轻人
> 音乐 / 我的写作

(🔔) **力量** lìliang 명 힘, 능력

6 <u>关于飞机晚点</u>，我们真的非常<u>抱歉</u>。

> 关于所有失误　　　　　　　　对于这次事情
> 对此给你带来的不便

(🔔) **失误** shīwù 명동 실수(를 하다) | **不便** búbiàn 형 불편하다

STEP 3 제시된 그림의 상황을 보고 알맞은 문장으로 클레임을 제기해 보세요.

1

▶ _____

2

▶ _____

회의 시간 임박

11-10

Yóuyú gōngsī de yèwù xūyào,　wǒ jīngcháng chūchāi.　Jīntiān cóng Xī'ān
由于公司的业务需要，我经常出差。今天从西安

dào Nánjīng de fēijī yòu wǎndiǎn le,　wǒ jíhuài le,　yīnwèi yǐjīng hé biérén
到南京的飞机又晚点了，我急坏了，因为已经和别人

yuēhǎole tánpàn shíjiān.　Jīchǎng de gōngzuò rényuán gēn wǒ hé qítā chéngkè
约好了谈判时间。机场的工作人员跟我和其他乘客

shuō bàoqiàn, qíshí wǒmen yě liǎojiě zhè shì wèile chéngkè de ānquán. Méi bànfǎ,
说抱歉，其实我们也了解这是为了乘客的安全。没办法，

wèile néng ānquán de dàodá, wǒ zhǐ néng xuǎnzé děng. Zài děng de shíhou ānpái
为了能安全地到达，我只能选择等。在等的时候安排

hǎo zìjǐ de shìqing,　xīwàng duì gōngzuò bú huì yǒu tài dà de yǐngxiǎng.
好自己的事情，希望对工作不会有太大的影响。

💬 Speaking Training

1. 빈칸을 자유롭게 채워 말해 보세요.

今天从西安到南京的飞机又_____了，我急坏了，
机场的工作人员_____我和其他乘客说_____，_____
我们也了解这是为了乘客的安全。没办法，为了能_____
地到达，我_____选择等。

11-11

New Words　● 其实 qíshí 🈚 사실은

단문 **연습**

STEP 1 다음 문장과 본문 내용이 일치하면 V, 틀리면 X를 표시하고, 바르게 고쳐 말해 보세요.

1 今天从西安到南京的飞机又晚点了。　　　　　　　　　□

> _____

2 机场的工作人员跟我和其他乘客没说什么。　　　　　　□

> _____

3 他为了能安全地到达，只能选择等。　　　　　　　　　□

> _____

STEP 2 다음 질문에 답해 보세요.

1 他去哪儿出差?

> _____

2 他要坐什么?

> _____

3 在机场发生了什么事?

> _____

정리하기

1 不再 vs 再不

'不再'는 어떤 변화를 객관적으로 서술하고 '再不'는 어떤 상황이 또 발생할 리 없다는 주관적 확신을 말합니다.

他不再来了。
Tā bú zài lái le.

终于不再刮大风，也不再下雨了。
Zhōngyú bú zài guā dàfēng, yě bú zài xià yǔ le.

如果领导下个月再不给我加薪，我就辞职。
Rúguǒ lǐngdǎo xià ge yuè zài bù gěi wǒ jiā xīn, wǒ jiù cízhí.

以后我再不抽烟了。
Yǐhòu wǒ zài bù chōu yān le.

((🔔)) **加薪** jiā xīn 동 월급을 올리다 | **辞职** cízhí 동 사직하다

2 以后

以后는 시간사로 현재나 어떤 시간보다 늦은 시간을 가리키며, 명사나 동사, 그리고 짧은 구 뒤에 올 수도 있습니다. 과거, 현재, 미래에 모두 쓸 수 있습니다.

她吃了药以后脸色好多了。
Tā chīle yào yǐhòu liǎnsè hǎoduō le.

从此以后，我该怎么办?
Cóng cǐ yǐhòu, wǒ gāi zěnme bàn?

以后再说吧。
Yǐhòu zài shuō ba.

以后我不买了。
Yǐhòu wǒ bù mǎi le.

 Quiz 이번 과에서 배운 내용을 바탕으로 중국어로 써 보세요.

1. ① 그는 다시 오지 않는다. ▶ _____

　② 결국 더 이상 큰 바람이 불지도 않고 비가 내리지도 않는다. ▶ _____

　③ 만약 보스가 다음 달에도 월급을 더 주지 않으면 나는 그만두겠다. ▶ _____

　④ 앞으로 나는 더 이상 담배를 피우지 않을 것이다. ▶ _____

2. ① 그녀는 약을 먹고 나서 안색이 많이 좋아졌다. ▶ _____

　② 이제부터 제가 어떻게 해야 할까요? ▶ _____

　③ 나중에 다시 말해요. ▶ _____

　④ 앞으로 사지 않을 겁니다. ▶ _____

3 肯定

'肯定'은 화자가 어떤 일이나 상황이 어떨 것이라는 데 의심의 여지가 없다고 생각함을 나타냅니다. 일반적으로 뒤에 '要'나 '会'가 올 수 있습니다.

这消息肯定使她失望。
Zhè xiāoxi kěndìng shǐ tā shīwàng.

那样做肯定会失败的。
Nàyàng zuò kěndìng huì shībài de.

今年秋天这款式的衣服肯定要掉价。
Jīnnián qiūtiān zhè kuǎnshì de yīfu kěndìng yào diàojià.

今年雨水充足，肯定会有好收获。
Jīnnián yǔshuǐ chōngzú, kěndìng huì yǒu hǎo shōuhuò.

失望 shīwàng 图 실망하다 | 款式 kuǎnshì 圀 스타일, 디자인 | 掉价 diàojià 图 값이 떨어지다 |
充足 chōngzú 圀 충분하다 | 收获 shōuhuò 图 수확하다

4 其实

'其实'는 부사로 말하는 상황이 진실함을 뜻합니다. 일반적으로 앞서 말한 내용을 수정하는 데 사용됩니다.

他看起来很老实，其实狡猾极了。
Tā kàn qǐlai hěn lǎoshí, qíshí jiǎohuá jíle.

你认为当翻译很容易吧，其实不然。
Nǐ rènwéi dāng fānyì hěn róngyì ba, qíshí bùrán.

听口音像北方人，其实他是广州人。
Tīng kǒuyīn xiàng běifāng rén, qíshí tā shì Guǎngzhōu rén.

你们只知道他会说英语，其实他的汉语也挺好。
Nǐmen zhǐ zhīdào tā huì shuō Yīngyǔ, qíshí tā de Hànyǔ yě tǐng hǎo.

老实 lǎoshí 圀 성실하다 | 极 jí 图 몹시, 매우 | 口音 kǒuyīn 圀 발음

3. ① 이 소식은 분명히 그녀를 실망하게 할 것이다. ▶ _____
   ② 그렇게 하면 분명히 실패할 거다. ▶ _____
   ③ 올해 가을 이 스타일의 옷은 가격이 떨어질 것이다. ▶ _____
   ④ 올해 강수량이 충분해서 분명히 풍성한 수확이 있을 것이다. ▶ _____

4. ① 그는 보기에 성실해 보이지만 사실 엄청 교활하다. ▶ _____
   ② 너는 통역을 하는게 쉽다고 여기지만 사실 그렇지 않다. ▶ _____
   ③ 음색을 들으면 북방 사람 같지만 사실 그는 광저우 사람이다. ▶ _____
   ④ 당신들은 그가 영어만 할 줄 안다고 생각하지만, 사실 그의 중국어 실력도 대단하다. ▶ _____

종합 연습

1 녹음을 듣고 대화 내용과 일치하는 것을 고르세요. 🎧 11-12

A   B   C

(1) (　　　　　)　　　　　　　　(2) (　　　　　)

2 녹음을 듣고 질문에 알맞은 답을 고르세요. 🎧 11-13

(1) A 两斤　　　　　B 两斤半　　　　C 三斤

(2) A 今天　　　　　B 明天　　　　　C 不知道

3 주어진 단어를 사용하여 빈칸을 채우세요.

> 보기　　晚点　　　天气原因　　　抱歉　　　影响　　　起飞

공항에서 비행기를 기다리고 있다.

A　各位乘客，由于_____，由北京飞往西安的飞机_____1小时50分钟。

B　又晚点？上次飞机晚点，就_____了我一笔大生意！我要找你们经理！

A　先生您好，关于飞机晚点，我们真的非常_____。
　　但是为了您的安全，我们不能在这种天气条件下_____。
　　谢谢您的合作。

B　希望这样的事情以后不再发生。

4 주어진 단어를 알맞은 순서로 배열하여 문장을 완성하세요.

(1) 今天　　又晚点了　　到南京的　　飞机　　从西安　　。

▶ _____

(2) 这是　　其实　　了解　　乘客的安全　　为了　　我们也　　。

▶ _____

(3) 对工作　　希望　　影响　　不会　　太大的　　有　　。

▶ _____

5 괄호 안의 단어를 넣어 연습한 후, 자유롭게 교체하여 대화해 보세요.

(1) A 您在这儿休息一下，我马上_____。（去解决这件事）
　　 B 希望这样的问题以后不再发生。

(2) A 周经理您好，我是小高。有什么事吗？
　　 B 我们还没有_____。（收到你们公司的货物）

6 제시된 표현을 사용하여 다음 주제와 상황에 맞게 말해 보세요.

> 주제　고객 클레임 대처
>
> 상황　고객이 불만 사항을 제기하고 처리해 줄 것을 요청하고 있습니다. 임의의 상품을 설정하고 그 상황에 알맞은 대화를 구성해 보세요.
>
> 표현　购物　　抱歉　　发生　　以为　　提前　　影响

Wǒmen yào zhāopìn xīn yuángōng.

我们要招聘新员工。

| 우리는 새 직원을 구합니다.

학습 목표 □ 구직 및 면접에 필요한 표현을 말할 수 있다.

학습 내용 □ 면접에 자주 나오는 질문 □ ……极了 □ 기원 표현

준비하기

STEP 1 이번 과의 주제와 관련된 단어를 따라 읽어 보세요. 🎧 12-01

面试
miànshì
면접시험(을 보다)

简历
jiǎnlì
이력(서)

应聘者
yìngpìnzhě
지원자

STEP 2 이번 과의 핵심 문장을 발음과 억양에 유의하여 따라 읽어 보세요. 🎧 12-02

1 我紧张极了。 ☑ ☐ ☐
Wǒ jǐnzhāng jíle.

2 祝你成功！ ☑ ☐ ☐
Zhù nǐ chénggōng!

3 我叫大卫，美国人，毕业于纽约大学，我学的是新闻。 ☑ ☐ ☐
Wǒ jiào Dàwèi, Měiguó rén, bìyè yú Niǔyuē dàxué,
wǒ xué de shì xīnwén.

😊 면접을 앞두고

🎧 12-03

Dàwèi xiānsheng, zhèbian qǐng, Lǐ zǒng zài sān líng sān huìyìshì děng nín.

A 大卫先生，这边请，李总在303会议室等您。

Xièxie. Jīntiān miànshì de rén hěn duō ma? Wǒ jǐnzhāng jíle.

B 谢谢。今天面试的人很多吗？我紧张极了。

Búyòng jǐnzhāng, Lǐ zǒng duì nǐ de jiǎnlì hěn mǎnyì.

A 不用紧张，李总对你的简历很满意。

Xièxie, wǒ huì nǔlì de.

B 谢谢，我会努力的。

Jiāyóu! Zhù nǐ chénggōng!

A 加油！祝你成功！

Xièxie! Wǒ jìnqu le.

B 谢谢！我进去了。

🎧 12-04

New Words ・面试 miànshì 명동 면접시험(을 보다) ・紧张 jǐnzhāng 형 긴장하다 ・极 jí 🔛 몹시, 매우
・祝 zhù 동 빌다

😊 면접장에서

🎧 12-05

Nǐ hǎo, huānyíng nǐ lái wǒmen gōngsī. Qǐng xiān jiǎndān jièshào yíxià zìjǐ.

A 你好，欢迎你来我们公司。请先简单介绍一下自己。

Nǐmen hǎo! Wǒ jiào Dàwèi, Měiguó rén, bìyè yú Niǔyuē dàxué, wǒ xué de shì xīnwén.

B 你们好！我叫大卫，美国人，毕业于纽约大学，我学的是新闻。

Nǐ wèi shénme xiǎng lái wǒmen gōngsī gōngzuò?

A 你为什么想来我们公司工作？

Wǒ zhīdào guì gōngsī yǒu zài Zhōngguó fāzhǎn de jìhuà, wǒ duì Zhōngguó wénhuà hěn yǒu

B 我知道贵公司有在中国发展的计划，我对中国文化很有

xìngqù, yìzhí xiǎng qù Zhōngguó gōngzuò. Zhè shì wǒ xuǎnzé guì gōngsī de dì yī ge yuányīn.

兴趣，一直想去中国工作。这是我选择贵公司的第一个原因。

Dì èr, wǒ rènwéi zài guì gōngsī gōngzuò néng gěi wǒ zuì hǎo de fāzhǎn jīhuì.

第二，我认为在贵公司工作能给我最好的发展机会。

Nín kěyǐ cóng wǒ de jiǎnlì zhōng kànchū, wǒ xué de shì xīnwén,　wǒ huì shuō Hànyǔ,

您可以从我的简历中看出，我学的是新闻，我会说汉语，

wǒ yìzhí xīwàng néng zhǎodào yí fèn néng shǐyòng Hànyǔ de gōngzuò. Zhè jiùshì wǒ xuǎnzé

我一直希望能找到一份能使用汉语的工作。这就是我选择

guì gōngsī de yuányīn.

贵公司的原因。

🎧 12-06

New Words 使用 shǐyòng 동명 사용(하다)

😊 면접을 마치고

Nǐ yǒu qítā wèntí yào wèn wǒ ma?

A 你有其他问题要问我吗？

따라 읽기 1 / 2 / 3 🎧 12-07

Yǒu, qǐngwèn zhè fèn gōngzuò xūyào chūchāi ma?

B 有，请问这份工作需要出差吗？

Rúguǒ xūyào dehuà, huì de,　hái yǒu wèntí ma?

A 如果需要的话，会的，还有问题吗？

Wǒ méiyǒu wèntí le.

B 我没有问题了。

Hǎo, fēicháng gǎnxiè nǐ lái miànshì zhè fèn gōngzuò. Wǒmen huì zài xià zhōumò qián

A 好，非常感谢你来面试这份工作。 我们会在下周末前

liánxì nín de.

联系您的。

Fēicháng gǎnxiè nín.

B 非常感谢您。

Nǐ chūqu de shíhou néng ràng xià yí wèi yìngpìnzhě jìnlai ma?

A 你出去的时候能让下一位应聘者进来吗？

Hǎo de, zàijiàn.

B 好的，再见。

🎧 12-08

New Words • 应聘 yìngpìn 동 지원하다

회화 연습

STEP 1 알맞게 연결하여 대화를 연습해 보세요.

1 今天面试的人很多吗?   •   • 不用紧张。
    我紧张极了。

2 请问这份工作需要出差吗? •   • 好的，再见。

3 你出去的时候能让下一位 •   • 如果需要的话，会的。
    应聘者进来吗?

STEP 2 제시된 단어로 바꾸어 연습해 보세요.   🎧 12-09

1 招聘<u>一名员工</u>。

| 两 / 位 / 秘书 | 三 / 位 / 经理 | 四 / 个 / 司机 |

2 <u>紧张</u>极了。

| 热 | 累 | 漂亮 |

3 不用<u>紧张</u>。

| 回公司 | 翻译 | 去那儿 |

4 李总对你的简历很满意。

> 老师 / 你的成绩 / 很满意   我 / 中国文化 / 有兴趣
> 她 / 韩流 / 感兴趣

5 祝你成功！

> 您 / 身体健康   你 / 工作顺利   我们 / 合作愉快

6 毕业于纽约大学，我学的是新闻。

> 延世大学 / 中文   北京大学 / 国际关系
> 清华大学 / 英文

STEP 3 사진의 주인공들은 지금 면접을 준비하고 있습니다. 사진을 보고 성공적인 면접을 위한 조언을 해 주세요.

1

▶ _____

2

▶ _____

😊 구직 메일

 🎧 12-10

Zhāng jīnglǐ nín hǎo, wǒ jiào Wáng Xīn, láizì Měiguó, bìyè yú Niǔyuē
张经理您好，我叫王新，来自美国，毕业于纽约

dàxué, wǒ xué de shì xīnwén. Wǒ zài Měiguó de shíhou, zài yì jiā bàoshè
大学，我学的是新闻。我在美国的时候，在一家报社

gōngzuòguo liǎng nián. Yīnwèi juéde fāzhǎn jīhuì bù duō, shōurù bǐjiào dī,
工作过两年。因为觉得发展机会不多，收入比较低，

jīnnián liù yuè wǒ líkāile nà jiā bàoshè, fǎnhuí Zhōngguó. Wǒ zài bàozhǐ shang
今年六月我离开了那家报社，返回中国。我在报纸上

kàndàole guì gōngsī de zhāopìn guǎnggào, juéde zìjǐ hěn shìhé guì gōngsī
看到了贵公司的招聘广告，觉得自己很适合贵公司

guǎnggàobù de zhè fèn gōngzuò, suǒyǐ lái yìngpìn. Wǒ duì gōngzī méi shénme
广告部的这份工作，所以来应聘。我对工资没什么

yāoqiú, xīwàng nín néng gěi wǒ zhège jīhuì. Xièxie.
要求，希望您能给我这个机会。谢谢。

💬 Speaking Training

1. 빈칸을 자유롭게 채워 말해 보세요.

我_____报纸_____看到了贵公司的_____广告，
觉得自己很_____贵公司广告部的这份工作，所以来
_____。我_____工资没什么要求，希望您能给我这个
_____。谢谢。

🎧 12-11

New Words

• 报社 bàoshè 몡 신문사　• 收入 shōurù 몡 수입, 소득　• 返回 fǎnhuí 됭 되돌아가다
• 招聘 zhāopìn 됭 모집하다, 초빙하다　• 工资 gōngzī 몡 임금, 월급

STEP 1 다음 문장과 본문 내용이 일치하면 V, 틀리면 X를 표시하고, 바르게 고쳐 말해 보세요.

1 王新来自美国，毕业于纽约大学。 ☐

▶ _____

2 他今年八月离开了报社。 ☐

▶ _____

3 他在美国的时候，发展机会不多，收入比较低。 ☐

▶ _____

STEP 2 다음 질문에 답해 보세요.

1 他毕业于哪个大学？

▶ _____

2 他在哪儿工作过？

▶ _____

3 他在大学学了什么？

▶ _____

정리하기

1 면접에 자주 나오는 질문

기분	今天你的心情怎么样? 오늘 기분이 어떠세요? Jīntiān nǐ de xīnqíng zěnmeyàng? ▶ 既兴奋又紧张。흥분되고 긴장됩니다. Jì xīngfèn yòu jǐnzhāng.
자기 소개	简单地介绍一下自己。간단하게 자기 소개를 하세요. Jiǎndān de jièshào yíxià zìjǐ. ▶ 你好。我叫○○○。안녕하세요. 저는 ○○○입니다. Nǐ hǎo. Wǒ jiào OOO.
성격/인생관	你的性格怎么样? 본인의 성격은 어떤가요? Nǐ de xìnggé zěnmeyàng? ▶ 我的性格比较外向。저는 외향적입니다. Wǒ de xìnggé bǐjiào wàixiàng. 你的人生观是什么? 본인의 인생관은 무엇인가요? Nǐ de rénshēngguān shì shénme? ▶ 一切皆有可能。'불가능이란 없다'입니다. Yíqiè jiē yǒu kěnéng.
특기/취미	你的特长是什么? 본인의 특기는 무엇인가요? Nǐ de tècháng shì shénme? ▶ 我觉得我善于学习。저는 공부를 잘합니다. Wǒ juéde wǒ shànyú xuéxí. 你的爱好是什么? 본인의 취미는 무엇인가요? Nǐ de àihào shì shénme? ▶ 我喜欢打篮球。저는 농구 하는 것을 좋아합니다. Wǒ xǐhuan dǎ lánqiú.
지원 동기/포부	你为什么选择我的公司? 왜 우리 회사를 선택했습니까? Nǐ wèi shéme xuǎnzé wǒ de gōngsī? ▶ 因为贵公司行业领先。귀사는 업계 선두이기 때문입니다. Yīnwèi guì gōngsī hángyè lǐngxiān. 你觉得10年以后你会做什么? 10년 후에는 무엇을 하고 있을 것 같나요? Nǐ juéde shí nián yǐhòu nǐ huì zuò shénme? ▶ 我觉得会上升到总经理。저는 사장으로 승진할 것입니다. Wǒ juéde huì shàngshēng dào zǒng jīnglǐ. 你还有什么想说的吗? 또 하고 싶은 말이 있나요? Nǐ hái yǒu shénme xiǎng shuō de ma? ▶ 我觉得我会给贵公司带来价值的。저는 귀사를 가치 있게 할 것입니다. Wǒ juéde wǒ huì gěi guì gōngsī dàilái jiàzhí de.

2 ······极了

'极了'는 형용사나 동사의 뒤에 붙어 그 정도가 심함을 나타냅니다.

水果新鲜极了。
Shuǐguǒ xīnxiān jíle.

有意思极了。
Yǒu yìsi jíle.

他对你满意极了。
Tā duì nǐ mǎnyì jíle.

拿到第一笔工资后，他开心极了。
Nádào dì yī bǐ gōngzī hòu, tā kāixīn jíle.

3 기원 표현

행복하세요!	행운 가득하세요!
祝您幸福！ Zhù nín xìngfú!	祝您好运！ Zhù nín hǎoyùn!
건강하세요!	하시는 일이 잘 되시길 바랍니다!
祝您健康！ Zhù nín jiànkāng!	祝您万事如意！ Zhù nín wànshì rúyì!
즐거운 명절 보내세요!	즐거운 여행 되세요!
节日快乐！ Jiérì kuàilè!	旅途快乐！ Lǚtú kuàilè!

Quiz   이번 과에서 배운 내용을 바탕으로 중국어로 써 보세요.

2. ① 과일이 정말 신선하다. ▶ _____

② 그는 당신에 대해 매우 만족해한다. ▶ _____

③ 너무 재미있다. ▶ _____

④ 첫 월급을 받은 후 그는 너무 기뻤다. ▶ _____

3. ① 행복하세요! ▶ _____   ② 행운 가득하세요! ▶ _____

③ 건강하세요! ▶ _____   ④ 하시는 일이 잘 되시길 바랍니다! ▶ _____

⑤ 즐거운 명절 보내세요! ▶ _____   ⑥ 즐거운 여행 되세요! ▶ _____

1 녹음을 듣고 대화 내용과 일치하는 것을 고르세요. 🎧 12-12

A  B  C

(1) (   )   (2) (   )

2 녹음을 듣고 질문에 알맞은 답을 고르세요. 🎧 12-13

(1) A 301会议室   B 303会议室   C 330会议室

(2) A 中国人   B 韩国人   C 美国人

3 주어진 단어를 사용하여 빈칸을 채우세요.

> 보기　简历　　纽约大学　　介绍　　计划　　新闻

지금 회의실에서는 면접이 한창 진행 중이다.

A　你好，欢迎你来我们公司。请先简单_____一下自己。

B　你们好！我叫大卫，美国人，毕业于_____，我学的是_____。

A　你为什么想来我们公司工作？

B　我知道贵公司有在中国发展的_____，我对中国文化很有兴趣，一直想去中国工作。这是我选择贵公司的第一个原因。第二，我认为在贵公司工作能给我最好的发展机会。您可以从我的_____中看出，我学的是新闻，我会说汉语，我一直希望能找到一份能使用汉语的工作。这就是我选择贵公司的原因。

4 주어진 단어를 알맞은 순서로 배열하여 문장을 완성하세요.

(1) 那家　今年　报社　六月　离开了　我　。

▶ _____

(2) 贵公司的　我　招聘　在报纸上　广告　看到了　。

▶ _____

(3) 很适合　我　自己　这份工作　贵公司　觉得　广告部的　。

▶ _____

5 괄호 안의 단어를 넣어 연습한 후, 자유롭게 교체하여 대화해 보세요.

(1) A 你好，欢迎你来我们公司。请先简单介绍一下自己。
　　B 你们好！我叫_____，_____，毕业于_____，我学的是_____。
　　（大卫/美国人/纽约大学/新闻）

(2) A 你为什么想来我们公司工作？
　　B 我知道贵公司有_____发展的计划，我对_____很有兴趣，
　　　一直想_____。
　　（在中国/中国文化/去中国工作）

6 제시된 표현을 사용하여 다음 주제와 상황에 맞게 말해 보세요.

주제　성공적인 면접

상황　지금 면접이 진행 중입니다. 자신에 대한 간단한 소개와 지원 동기 등으로 자신의 장점을 소개해 주세요.

표현　兴趣　　选择　　机会　　简历　　希望

Shìchǎng diàochá bàogào

市场调查报告

| 시장 조사 보고

이것은 우리 마케팅 부서가 회사 상품 판매에 대해 진행한 조사 보고서입니다.

간단하게 소개해 주시죠.

학습 목표 ☐ 시장 조사 보고와 관련된 표현을 말할 수 있다.

학습 내용 ☐ 从……(来)看 ☐ 与/和……有关系 ☐ 그래프 용어 ☐ 증감 표현

STEP 1 이번 과의 주제와 관련된 단어를 따라 읽어 보세요. 🎧 13-01

市场调查
shìchǎng diàochá
시장 조사

工资
gōngzī
임금, 노임

客户
kèhù
고객

STEP 2 이번 과의 핵심 문장을 발음과 억양에 유의하여 따라 읽어 보세요. 🎧 13-02

1 这是今年的市场调查计划。 ☑ ☐ ☐
Zhè shì jīnnián de shìchǎng diàochá jìhuà.

2 我认为我们需要涨工资了。 ☑ ☐ ☐
Wǒ rènwéi wǒmen xūyào zhǎng gōngzī le.

3 这个数字说明女性客户比去年增加了很多啊。 ☑ ☐ ☐
Zhège shùzì shuōmíng nǚxìng kèhù bǐ qùnián
zēngjiāle hěn duō a.

😊 **시장 조사 계획**

Lǐ jīnglǐ,   zhè shì jīnnián de shìchǎng diàochá jìhuà.

A 李经理，这是今年的市场调查计划。

Nǐmen jìhuà diàochá duōshǎo ge shāngchǎng? Duōshǎo wèi kèhù?

B 你们计划调查多少个商场？多少位客户？

Liǎngbǎi bāshí ge shāngchǎng, sānwàn jiǔqiān bābǎi wèi kèhù.

A 280个商场，39800位客户。

Bù shǎo a, nǐmen néng zuòwán ma?

B 不少啊，你们能做完吗？

Suīrán yǒu kùnnan, dàn wǒmen juéde zhè cì diàochá néng bāngzhù wǒmen gèng hǎo de liǎojiě

A 虽然有困难，但我们觉得这次调查能帮助我们更好地了解
kèhù de gòuwù xíguàn.
客户的购物习惯。

Duì, zhè yìdiǎn duì wǒmen shēngchǎn hé xiāoshòu bùmén dōu shì hěn zhòngyào de.

B 对，这一点对我们生产和销售部门都是很重要的。

😊 **직원 의향 조사**

Zhōu jīnglǐ, wǒ xiǎng gēn nín bàogào wǒ de yí ge xiǎo diàochá.

A 周经理，我想跟您报告我的一个小调查。

Qǐng shuō.

B 请说。

Wǒ diàochále wǒmen gōngsī de yìbǎi wèi yuángōng, zhǔyào shì xiǎng liǎojiě shénme duì

A 我调查了我们公司的100位员工，主要是想了解什么对
tóngshìmen de rìcháng shēnghuó yǐngxiǎng zuì dà.
同事们的日常生活影响最大。

Zhège diàochá hé wǒmen gōngsī de yèwù yǒu shénme guānxi?

B 这个调查和我们公司的业务有什么关系？

Wǒ xiǎng gàosu nín, gēnjù wǒ de diàochá, wǒ rènwéi wǒmen xūyào zhǎng gōngzī le.

A 我想告诉您，根据我的调查，我认为我们需要涨工资了。

Zhǎng gōngzī? Nǐ tíxǐngle wǒ, wǒ xūyào hé lǎobǎn tǎolùn yíxià.

B 涨工资？你提醒了我，我需要和老板讨论一下。

Qǐng nín xiàng lǎobǎn jiànyì yíxià.

A 请您向老板建议一下。

🎧 13-05

New Words

• 涨 zhǎng 통 값이 오르다

😊 **주요 고객층**

 🎧 13-06

Ān jīnglǐ, zhè shì wǒmen shìchǎngbù duì gōngsī chǎnpǐn xiāoshòu de diàochá bàogào.

A 安经理，这是我们市场部对公司产品销售的调查报告。

Nǐ gěi wǒ jiǎndān jièshào yíxià ba.

B 你给我简单介绍一下吧。

Hǎo, diàochá fāxiàn, cóng xìngbié lái kàn, shǐyòng wǒ gōngsī chǎnpǐn de kèhù zhōng

A 好，调查发现，从性别来看，使用我公司产品的客户中

bǎi fēn zhī wǔshíjiǔ shì nǚxìng.

59%是女性。

Zhège shùzì shuōmíng nǚxìng kèhù bǐ qùnián zēngjiāle hěn duō a, nánxìng kèhù jiǎnshǎo le.

B 这个数字说明女性客户比去年增加了很多啊，男性客户减少了。

Shì de, èrshí dào sānshí suì de kèhù yě bǐ qùnián zēngjiāle bǎi fēn zhī shíbā diǎn wǔ,

A 是的，20到30岁的客户也比去年增加了18.5%，

shuōmíng wǒmen de kèhù zhōng niánqīngrén gèng duō le.

说明我们的客户中年轻人更多了。

Zhè shì ge hǎo xiāoxi, wǒmen gōngsī de chǎnpǐn jiùshì wèi niánqīng nǚxìng shèjì de.

B 这是个好消息，我们公司的产品就是为年轻女性设计的。

🎧 13-07

New Words

• **性别** xìngbié 명 성별 • **数字** shùzì 명 수치, 숫자 • **增加** zēngjiā 통 증가하다
• **减少** jiǎnshǎo 통 감소하다 • **岁** suì 양 세, 살

회화 연습

STEP 1 알맞게 연결하여 대화를 연습해 보세요.

1. 你们计划调查多少个商场？多少位客户？ ·

2. 这个调查和我们公司的业务有什么关系？ ·

3. 安经理，这是我们市场部对公司产品销售的调查报告。 ·

· 你给我简单介绍一下吧。

· 根据我的调查，我认为我们需要涨工资了。

· 280个商场，39800位客户。

STEP 2 제시된 단어로 바꾸어 연습해 보세요. 🔊 13-08

1. <u>这</u>和<u>客户的购物习惯</u>有关系。

| 成功 / 努力 | 工资 / 生活水平 | 产品销售 / 广告 |

2. <u>工资</u>涨了。

| 水 | 价格 | 生活费用 |

3. 从调查来看，<u>我公司的产品销售很成功</u>。

人们的生活水平提高了很多
客户对我们的意见减少了一半
我们公司的年轻客户增加得很快

🔔 **提高** tígāo 图 제고하다, 향상시키다

4 <u>我们的员工</u>从<u>30人</u>增加到<u>100人</u>。

> 行李 / 2件 / 4件   花费 / 300元 / 1000元
> 工作时间 / 5个小时 / 8个小时

5 <u>今年的业务</u>比<u>去年</u>减少了<u>30%</u>。

> 这周的顾客 / 上周 / 300人   明年的产品 / 今年 / 30种
> 这个月的收入 / 上个月 / 1000元

6 我们公司的产品就是为<u>年轻女性</u>设计的。

> 年轻男性   儿童   大学生

STEP 3 시장 조사 결과가 다음과 같이 나왔습니다. 그래프를 보고 결과에 대한 브리핑을 해 주세요. (从……来看, 比, 增加, 减少 등 단어 이용)

1

- 20-30岁
- 30-40岁
- 40-50岁
- 50岁及以上

▶ _____

2
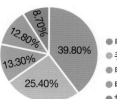

- 电脑
- 手机
- 电视
- 电冰箱
- 打印机

▶ _____

😊 소비층 파악과 요구 조사

Zhè shì wǒmen shìchǎngbù jīnnián de shìchǎng diàochá bàogào. Jīnnián,
这是我们市场部今年的市场调查报告。今年,

wǒmen gōngsī yígòng shēngchǎnle shísān ge xīn chǎnpǐn, chǎnpǐn xiāoliàng bǐ qùnián
我们公司一共生产了13个新产品, 产品销量比去年

zēngjiāle bǎi fēn zhī shíwǔ diǎn èr. Diàochá fāxiàn, zài shǐyòng wǒ gōngsī chǎnpǐn de
增加了15.2%。调查发现, 在使用我公司产品的

kèhù zhōng, cóng xìngbié shang kàn, bǎi fēn zhī wǔshíbā shì nánxìng, nǚxìng kèhù
客户中, 从性别上看, 58%是男性, 女性客户

yě bǐ qùnián zēngjiāle, zhǎngle qī diǎn sān ge bǎifēndiǎn.   Niánqīng kèhù yě
也比去年增加了, 涨了7.3个百分点。年轻客户也

biànduō le, bǎi fēn zhī liùshíyī de kèhù niánlíng shì èrshí dào sānshí suì. Niánqīng kèhù
变多了, 61%的客户年龄是20到30岁。年轻客户

fēicháng guānxīn wǒmen chǎnpǐn de jiàgé,   tāmen xīwàng zēngjiā yōuhuì
非常关心我们产品的价格, 他们希望增加优惠

huódòng, jiàgé gèng piányi yìxiē.
活动, 价格更便宜一些。

> 💬 Speaking Training
>
> 1. 빈칸을 자유롭게 채워 말해 보세요.
>   调查_____, 在使用我公司产品的客户中, 从_____
> 上看, 58%是男性, 女性客户也_____去年_____了,
> _____了7.3个_____。年轻客户也_____了, 61%的客
> 户年龄是20到30岁。

🎧 13-10

단문 연습

STEP 1 다음 문장과 본문 내용이 일치하면 V, 틀리면 X를 표시하고, 바르게 고쳐 말해 보세요.

1 今年这个公司一共生产了10个新产品。　　　　　□

　▶ _____

2 从性别上看，58%是男性，女性客户也比去年增加了，　□
涨了7.3个百分点。

　▶ _____

3 年轻客户也变多了，61%的客户年龄是20到30岁。　　□

　▶ _____

STEP 2 다음 질문에 답해 보세요.

1 产品的销量比去年增加了多少?

　▶ _____

2 使用该公司产品的男性占百分之多少?

　▶ _____

（（）） 占 zhàn 통 차지하다

3 年轻客户主要考虑什么?

　▶ _____

정리하기

1 从……(来)看

'从……(来)看'은 '~방면에서 보면'이라는 뜻으로 자신의 의견을 구체적으로 제시하는 데 사용됩니다.

从长远来看是合算的。
Cóng chángyuǎn lái kàn shì hésuàn de.

从总体看，这部作品不错。
Cóng zǒngtǐ kàn, zhè bù zuòpǐn búcuò.

从长远来看，韩国的经济发展前景是乐观的。
Cóng chángyuǎn lái kàn, Hánguó de jīngjì fāzhǎn qiánjǐng shì lèguān de.

从客观上看，她的表现还是相当不错的。
Cóng kèguān shang kàn, tā de biǎoxiàn háishi xiāngdāng búcuò de.

合算 hésuàn 통 수지가 맞다 | 总体 zǒngtǐ 명 전체 | 前景 qiánjǐng 명 전망 |
乐观 lèguān 형 낙관적이다 | 客观 kèguān 명 객관 형 객관적이다 |
表现 biǎoxiàn 명 태도, 행동, 표현 | 相当 xiāngdāng 부 상당히, 무척

2 和/与……有关系

'有关系'는 '관련이 있다'라는 의미로 앞에 '和'나 '与'로 관련된 대상과 함께 쓰입니다.

他的工作和石油有关系。
Tā de gōngzuò hé shíyóu yǒu guānxi.

他与此事大有关系。
Tā yǔ cǐ shì dà yǒu guānxi.

大学选课与就业有关系。
Dàxué xuǎn kè yǔ jiùyè yǒu guānxi.

你不能推荐与你有关系的人。
Nǐ bù néng tuījiàn yǔ nǐ yǒu guānxi de rén.

就业 jiùyè 통 취업하다

Quiz
이번 과에서 배운 내용을 바탕으로 중국어로 써 보세요.

1. ① 장기적으로 보면 합리적이다. ▶ _____

   ② 전체적으로 보면 이 작품은 괜찮다. ▶ _____

   ③ 장기적으로 보면 한국 경제의 발전 전망은 낙관적이다. ▶ _____

   ④ 객관적으로 보면 그녀의 태도는 상당히 괜찮다. ▶ _____

2. ① 그의 일은 석유와 관련이 있다. ▶ _____

   ② 그는 이 일과 큰 관계가 있다. ▶ _____

   ③ 대학 선택 과목은 취업과 관련된다. ▶ _____

   ④ 당신은 당신과 관계된 사람을 추천할 수 없습니다. ▶ _____

3 그래프 용어

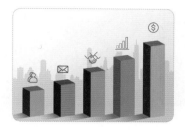  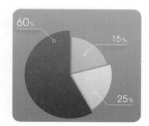

왼쪽에서부터 각각 '柱形图(**zhùxíngtú** 막대그래프)', '折线图(**zhéxiàntú** 꺾은선 그래프)', '饼图(**bǐngtú**, 파이 그래프)'라고 합니다. 보통 퍼센트를 이야기할 때는 '차지하다'라는 의미의 동사 '占'을 사용합니다. 한국어에서 퍼센트와 퍼센트 포인트를 구분하듯 중국어에서도 '百分点'은 퍼센트 포인트를 나타내니 주의해야 합니다.

4 증감 표현

'增加', '减少'와 같이 증가나 감소를 나타내는 표현은 뒤에 '了'와 '到'가 쓰인 경우의 의미가 다르므로 주의해야 합니다. 예를 들어, '增加了两倍(두 배가 증가했다)'는 원래의 양에서 두 배의 양이 증가한 것이므로 총 세배가 되었음을 의미하여 '增加到三倍(세 배로 증가했다)'와 의미가 같습니다.

去年价格增加了两倍。
Qùnián jiàgé zēngjiāle liǎng bèi.

价格增加到三倍。
Jiàgé zēngjiā dào sān bèi.

公司大幅减少了研发费用。
Gōngsī dàfú jiǎnshǎole yánfā fèiyòng.

销量从100个减少到50个。
Xiāoliàng cóng yìbǎi ge jiǎnshǎo dào wǔshí ge.

(🔔) **大幅** dàfú 🈁 대폭

4. ① 작년에 가격이 두 배 증가했다.

▶ _____

② 가격이 세 배로 증가했다.

▶ _____

③ 회사는 연구개발비를 대폭 줄였다.

▶ _____

④ 판매량이 100개에서 50개로 줄었다.

▶ _____

1 녹음을 듣고 대화 내용과 일치하는 것을 고르세요. 🎧 13-11

(1) (　　　　)　　　　　　　　(2) (　　　　)

2 녹음을 듣고 질문에 알맞은 답을 고르세요. 🎧 13-12

(1) A 新员工　　　　B 涨工资　　　　C 升职

(2) A 学生　　　　　B 年轻女性　　　　C 儿童

3 주어진 단어를 사용하여 빈칸을 채우세요.

| 보기 | 帮助 | 不少 | 困难 | 计划 | 购物习惯 |

사장에게 올해 시장 조사 계획에 대해 보고하고 있다.

A 李经理，这是今年的市场调查计划。

B 你们_____调查多少个商场？多少位客户？

A 280个商场，39800位客户。

B _____啊，你们能做完吗？

A 虽然有_____，但我们觉得这次调查能_____我们更好地了解客户的_____。

B 对，这一点对我们生产和销售部门都是很重要的。

4 주어진 단어를 알맞은 순서로 배열하여 문장을 완성하세요.

(1) 调查　我们市场部　今年的　市场　报告　这是　。

▶ _____

(2) 去年　产品销量　增加了　比　15.2%　。

▶ _____

(3) 年轻客户　我们产品的　非常　价格　关心　。

▶ _____

5 괄호 안의 단어를 넣어 연습한 후, 자유롭게 교체하여 대화해 보세요.

(1) A 你们计划调查多少个商场？多少位客户？

B _____个商场，_____位客户。（280/39800）

(2) A 这个数字说明_____比去年_____很多啊，男性客户_____。
（女性客户/增加了/减少了）

B 是的。

6 제시된 표현을 사용하여 다음 주제와 상황에 맞게 말해 보세요.

주제 시장 조사 보고

상황 얼마 전 진행한 시장 조사의 결과를 보고하려 합니다. 수치 등을 제시하며 조사 결과에 대해 말해 보세요.

표현 增加　减少　客户　商场　价格　设计　质量

Hétong xiūgǎi hǎo le.

合同修改好了。

| 계약서는 잘 수정했습니다.

아직 수정해야 할 곳이 있나요?

없습니다.

학습 목표 □ 계약과 관련된 표현을 말할 수 있다.

학습 내용 □ 为什么不……(呢) □ 一会儿 □ 重新 □ 계약서 관련 어휘

STEP **1** 이번 과의 주제와 관련된 단어를 따라 읽어 보세요. 🎧 14-01

合同
hétong
계약(서)

修改
xiūgǎi
수정하다, 고치다

到期
dàoqī
기한이 되다

STEP **2** 이번 과의 핵심 문장을 발음과 억양에 유의하여 따라 읽어 보세요. 🎧 14-02

1 **还有需要修改的地方吗?**
Hái yǒu xūyào xiūgǎi de dìfang ma?

☑ ☐ ☐

2 **这份文件是CTI公司送来的合同。**
Zhè fèn wénjiàn shì CTI gōngsī sònglái de hétong.

☑ ☐ ☐

3 **请您在会议结束后把合同修改一下。**
Qǐng nín zài huìyì jiéshù hòu bǎ hétong xiūgǎi yíxià.

☑ ☐ ☐

😊 계약 기한

따라 읽기 1 / 2 / 3 🎧 14-03

Hétong shénme shíhou dàoqī?

A 合同什么时候到期？

Èr líng èr yī nián sān yuè.

B 2021年3月。

Hái yǒu xūyào xiūgǎi de dìfang ma?

A 还有需要修改的地方吗？

Méiyǒu le,　yīnggāi yǒu de dōu yǒu le.

B 没有了，应该有的都有了。

Zài rènren zhēnzhēn de jiǎnchá yí biàn.

A 再认认真真地检查一遍。

🎧 14-04

New Words ● 修改 xiūgǎi 통 수정하다, 고치다 ● 遍 biàn 양 번, 회

😊 계약서 검토

따라 읽기 1 / 2 / 3 🎧 14-05

Xiè jīnglǐ,　zhè fèn wénjiàn shì CTI gōngsī sònglái de hétong.

A 谢经理，这份文件是CTI公司送来的合同。

Fàngzài zhuōzi shàng ba, wǒ yíhuìr kàn.　Zài fùyìn yí fèn,　gěi Zhōu jīnglǐ sòngqu.

B 放在桌子上吧，我一会儿看。再复印一份，给周经理送去。

Zhōu jīnglǐ yǐjīng kànguo le,　tā yǒudiǎnr bù mǎnyì.

A 周经理已经看过了，他有点儿不满意。

Yǒu shénme wèntí ma?

B 有什么问题吗？

Tā bù mǎnyì tāmen gōngsī shèjì de bāozhuāng.

A 他不满意他们公司设计的包装。

Wǒ zài kànkan ba,　nǐ ānpái yíxià, míngtiān ràng Zhāng jīnglǐ lái jiàn wǒ.

B 我再看看吧，你安排一下，明天让张经理来见我。

🎧 14-06

New Words ● 包装 bāozhuāng 명동 포장(하다)

😊 **계약 내용의 수정**

Zhāng jīnglǐ,　wǒ yǐjīng kànguo hétong le.

A 张经理，我已经看过合同了。

Nín rènwéi hétong yǒu shénme wèntí ma?

B 您认为合同有什么问题吗？

Wǒ xīwàng guì gōngsī tígāo chǎnpǐn de zhìliàng jiǎnchá biāozhǔn.

A 我希望贵公司提高产品的质量检查标准。

Wǒmen gōngchǎng de shēngchǎnbù duì suǒyǒu chǎnpǐn yào jiǎnchá sān cì,

B 我们工厂的生产部对所有产品要检查三次，

zuì duō tígāo dào wǔ cì.

最多提高到五次。

Kěyǐ,　qǐng nín zài huìyì jiéshù hòu bǎ hétong xiūgǎi yíxià.

A 可以，请您在会议结束后把合同修改一下。

Méi wèntí,　hái yǒu bié de wèntí ma?

B 没问题，还有别的问题吗？

Hétong shénme shíhou kěyǐ zhǔnbèi hǎo?

A 合同什么时候可以准备好？

Hòutiān.

B 后天。

🎧 14-08

New Words ● 提高 tígāo 동 제고하다, 향상시키다

회화 연습

STEP 1 알맞게 연결하여 대화를 연습해 보세요.

1 合同什么时候到期？ · · 2021年3月。

2 还有需要修改的地方吗？ · · 我们工厂的生产部对
所有产品要检查三次，
最多提高到五次。

3 我希望贵公司提高产品的
质量检查标准。 · · 没有了，应该有的都有了。

STEP 2 제시된 단어로 바꾸어 연습해 보세요. 🎧 14-09

1 <u>认认真真</u>

高高兴兴 漂漂亮亮 清清楚楚

2 <u>检查</u>一<u>遍</u>。

看过 / 四 修改了 / 五 介绍了 / 六

3 我一会儿<u>看</u>。

吃 去 做

계약서는 잘 수정했습니다.

4 <u>明天让张经理来见我</u>。

> 后天 / 李秘书 / 来处理　　晚上 / 李总 / 来决定
> 一会儿 / 陈先生 / 来办

5 我希望<u>贵公司提高产品的质量检查标准</u>。

> 世界 / 永远和平　　　他们 / 将来有好运
> 她 / 会有更多的机会

🔔 **永远** yǒngyuǎn 🖹 늘, 항상 🖹 영원하다 | **和平** hépíng 🖹 평화롭다 | **将来** jiānglái 🖹 장래, 미래

6 请您在会议结束后把<u>合同修改</u>一下。

> 文件 / 看　　　产品 / 寄　　　资料 / 查

STEP 3 다음 사진의 상황을 참고하여 계약과 관련된 대화를 구성해 보세요.

1

▶ _____

2

▶ _____

😊 재협상

Huáng jīnglǐ, wǒmen wèi shénme bú xiànzài qù bàngōngshì kāishǐ tánpàn ne?
黄经理，我们为什么不现在去办公室开始谈判呢？

Jiù hétong fāngmiàn wǒ hái yǒuxiē wèntí yào wèn.　Wǒmen zǒngshì yuànyì hézuò
就合同方面我还有些问题要问。我们总是愿意合作

de,　rúguǒ xūyào hái kěyǐ zuò xiē xiūgǎi.　Wǒmen xīwàng guì fāng zàicì kǎolǜ
的，如果需要还可以做些修改。我们希望贵方再次考虑

wǒmen de yāoqiú,　chóngxīn kǎolǜ xiūgǎi hétong. Zài fùkuǎn zhè yí wèntí shang,
我们的要求，重新考虑修改合同。在付款这一问题上，

wǒmen shuāngfāng yǒu bùtóng de kànfǎ, bù dé bù zàicì tǎolùn.　Wǒmen xīwàng
我们双方有不同的看法，不得不再次讨论。我们希望

zhè cì tánpàn jiāng shì qiāndìng hétong qián de zuìhòu yí cì tánpàn.
这次谈判将是签订合同前的最后一次谈判。

💬 Speaking Training

1. 빈칸을 자유롭게 채워 말해 보세요.

我们希望贵方再次_____我们的要求，_____考虑
修改合同。在付款这一_____上，我们双方有_____的
看法，_____再次讨论。我们希望这次谈判将是签订合
同前的_____一次谈判。

🎧 14-11

New Words ● **重新** chóngxīn 🔟 재차, 다시　● **双方** shuāngfāng 🔟 쌍방　● **签订** qiāndìng 🔟 체결하다

STEP 1
다음 문장과 본문 내용이 일치하면 V, 틀리면 X를 표시하고, 바르게 고쳐 말해 보세요.

1 他们总是愿意合作的，如果需要还可以做些修改。 ☐

▶ _____

2 在质量检查问题上，他们双方有不同的看法。 ☐

▶ _____

3 他们希望这次谈判将是签订合同前的最后一次谈判。 ☐

▶ _____

STEP 2
다음 질문에 답해 보세요.

1 合同上没有问题吗?

▶ _____

2 哪个方面双方有不同的看法?

▶ _____

3 收件人是谁?

▶ _____

정리하기

1 为什么不……(呢)

'为什么不……(呢)'는 반어문을 통해 의아함을 나타내어 그렇게 해야 함을 강조할 수 있습니다.

他们为什么不选择上市?
Tāmen wèi shénme bù xuǎnzé shàngshì?

为什么不直说呢?
Wèi shénme bù zhí shuō ne?

现在的年轻人，为什么都不结婚呢?
Xiànzài de niánqīngrén, wèi shénme dōu bù jiéhūn ne?

我们为什么不能拒绝呢?
Wǒmen wèi shénme bù néng jùjué ne?

上市 shàngshì 통 출시되다, 상장하다 | 拒绝 jùjué 통 거절하다

2 一会儿

'一会儿'에는 '잠시 동안'이라는 의미와 '곧'이나 '잠시 후에'라는 의미가 있는데 맥락에 따라 의미를 잘 파악해야 합니다.

走一会儿。
Zǒu yíhuìr.

经理一会儿就回来。
Jīnglǐ yíhuìr jiù huílai.

一会儿办公室里还要开会。
Yíhuìr bàngōngshì lǐ hái yào kāihuì.

车一会儿就到。
Chē yíhuìr jiù dào.

Quiz 이번 과에서 배운 내용을 바탕으로 중국어로 써 보세요.

1. ① 그들은 왜 상장하지 않는 거죠? ▶ _____

  ② 왜 직접 말하지 않나요? ▶ _____

  ③ 요즘 젊은이들은 왜 다들 결혼하지 않을까요? ▶ _____

  ④ 우리는 왜 거절할 수 없는 거죠? ▶ _____

2. ① 잠시 걷는다. ▶ _____

  ② 잠시 후에 사무실에서 또 회의해야 한다. ▶ _____

  ③ 사장님은 곧 돌아오신다. ▶ _____

  ④ 차가 잠시 후에 도착한다. ▶ _____

3 重新

'重新'은 부사로 '다시', '처음부터'라는 의미로 사용되고 있습니다. 발음이 'chóng'인 것에 주의하세요.

重新安排了一下。
Chóngxīn ānpáile yíxià.

计划已经重新修改过了。
Jìhuà yǐjīng chóngxīn xiūgǎiguo le.

重新排练一次。
Chóngxīn páiliàn yí cì.

我就业后重新开立了账户。
Wǒ jiùyè hòu chóngxīn kāilìle zhànghù.

排练 páiliàn 통 리허설하다 | 开立 kāilì 통 열다

4 계약서 관련 어휘

계약	초안	세부 사항	계약을 위반하다
合同 hétong	草案 cǎo'àn	细节 xìjié	违约 wéiyuē
변상을 요구하다	조항	서명하다	효력이 발생하다
索赔 suǒpéi	条款 tiáokuǎn	签字 qiānzì	生效 shēngxiào

3. ① 처음부터 일정을 다시 짰다. ▶ _____

② 계획은 이미 새로 수정되었다. ▶ _____

③ 리허설을 한 번 더 한다. ▶ _____

④ 나는 취업 후에 다시 계좌를 개설했다. ▶ _____

4. ① 계약 ▶ _____ ② 초안 ▶ _____

③ 세부 사항 ▶ _____ ④ 계약을 위반하다 ▶ _____

⑤ 변상을 요구하다 ▶ _____ ⑥ 조항 ▶ _____

⑦ 서명하다 ▶ _____ ⑧ 효력이 발생하다 ▶ _____

종합 연습

1 녹음을 듣고 대화 내용과 일치하는 것을 고르세요. 🎧 14-12

(1) (   )   (2) (   )

2 녹음을 듣고 질문에 알맞은 답을 고르세요. 🎧 14-13

(1) **A** 有   **B** 没有   **C** 还不知道

(2) **A** 谢经理   **B** 周经理   **C** 李先生

3 주어진 단어를 사용하여 빈칸을 채우세요.

> 보기   可以   提高   问题   修改   检查

계약을 맺기 전 마지막으로 관련 내용을 점검하고 있다.

A 张经理，我已经看过合同了。

B 您认为合同有什么＿＿＿＿吗？

A 我希望贵公司＿＿＿＿产品的质量检查标准。

B 我们工厂的生产部对所有产品要＿＿＿＿三次，最多提高到五次。

A 可以，请您在会议结束后把合同＿＿＿＿一下。

B 没问题，还有别的问题吗？

A 合同什么时候＿＿＿＿准备好？

B 后天。

4 주어진 단어를 알맞은 순서로 배열하여 문장을 완성하세요.

(1) 还可以　如果　些　需要　做　修改　。

▸ _____

(2) 问题上　在　这一　看法　我们双方　有　不同的　付款　。

▸ _____

(3) 希望　我们　最后　将是　签订　这次谈判　合同前的
一次谈判　。

▸ _____

5 괄호 안의 단어를 넣어 연습한 후, 자유롭게 교체하여 대화해 보세요.

(1) A 有什么问题吗?
B 他不满意他们公司_____。（设计的包装）

(2) A 您认为合同有什么问题吗?
B 我希望贵公司_____。（提高产品的质量检查标准）

6 제시된 표현을 사용하여 다음 주제와 상황에 맞게 말해 보세요.

> 주제　계약 체결
>
> 상황　계약을 체결하기 전 마지막으로 내용을 살펴보고 있습니다. 수정이 필요한지
> 의견을 말해 주세요.
>
> 표현　到期　修改　不满意　提高　检查　准备

Zhù nǐ yílù shùnfēng.

祝你一路顺风。

| 가시는 길이 순조롭기를 바랍니다.

즐거운 여정이 되시기를 바랍니다. 안녕히 가세요.

당신과 일하게 되어 기쁩니다. 다음에 또 뵙기를 바랍니다.

학습 목표 □ 업무상 미팅을 마치고 헤어질 때 인사말을 할 수 있다.

학습 내용 □ 记得 □ 该……了 □ 배웅 표현 □ 주의 표현

STEP 1 이번 과의 주제와 관련된 단어를 따라 읽어 보세요.　🎧 15-01

愉快
yúkuài
기쁘다, 유쾌하다

记得
jìde
기억하고 있다

礼物
lǐwù
선물

STEP 2 이번 과의 핵심 문장을 발음과 억양에 유의하여 따라 읽어 보세요.　🎧 15-02

1 我想我们该走了。　　☑ ☐ ☐
Wǒ xiǎng wǒmen gāi zǒu le.

2 我送你们回去。　　☑ ☐ ☐
Wǒ sòng nǐmen huíqu.

3 我会再联系您的。　　☑ ☐ ☐
Wǒ huì zài liánxì nín de.

회의를 마치고 1

따라 읽기 1 / 2 / 3 · 15-03

Wǒ xiǎng wǒmen gāi zǒu le.
A 我想我们该走了。

Hǎo, wǒ sòng nǐmen huíqu.
B 好，我送你们回去。

Búyòng le, qǐng liúbù. Xīwàng hěn kuài yòu néng jiàndào nǐ.
A 不用了，请留步。希望很快又能见到你。

Xíng, wǒ sòng nǐ dào ménkǒu.
B 行，我送你到门口。

· 15-04

New Words · 该 gāi 통 ~해야 한다 · 留步 liúbù 통 나오지 마십시오

회의를 마치고 2

따라 읽기 1 / 2 / 3 · 15-05

Guān xiānsheng, hěn gāoxìng rènshi nín.
A 关先生，很高兴认识您。

Wǒ yě shì, xīwàng nín zài Běijīng guò de yúkuài.
B 我也是，希望您在北京过得愉快。

Dāngrán, duō liánxì.
A 当然，多联系。

Wǒ huì zài liánxì nín de.
B 我会再联系您的。

Hé nín hézuò hěn yúkuài. Xīwàng xià cì zàijiàn.
A 和您合作很愉快。希望下次再见。

Zhù nín lǚtú yúkuài. Zàijiàn.
B 祝您旅途愉快。再见。

· 15-06

New Words · 旅途 lǚtú 명 여행, 여정

😊 회의를 마치고 3

Fāng xiǎojiě, xièxie nín de bāngzhù.

A 方小姐，谢谢您的帮助。

Wǒ hěn yuànyì dāng nín de dǎoyóu, xīwàng nín zài Běijīng guò de yúkuài.

B 我很愿意当您的导游，希望您在北京过得愉快。

Shénme shíhou lái Dōngjīng, jìde gěi wǒ dǎ diànhuà.

A 什么时候来东京，记得给我打电话。

Wǒ xià cì dào Dōngjīng shí yídìng huì qù kànkan nín de.

B 我下次到东京时一定会去看看您的。

Qǐng shōuxià zhè fèn lǐwù.

A 请收下这份礼物。

Xièxie, zhēn piàoliang.

B 谢谢，真漂亮。

Zhēn gāoxìng nǐ xǐhuan zhè jiàn lǐwù. Wǒ xiǎng wǒ gāi zǒu le.

A 真高兴你喜欢这件礼物。我想我该走了。

Zhù nín yílù shùnfēng!

B 祝您一路顺风!

🎧 15-08

New Words • **记得** jìde 图 기억하고 있다 • **当** dāng 图 맡다, 담당하다

STEP **1** 알맞게 연결하여 대화를 연습해 보세요.

1 我送你们回去。　　　　　·　　　　·　不用了，请留步。

2 多联系。　　　　　　　·　　　　·　我会再联系您的。

3 请收下这份礼物。　　　·　　　　·　谢谢，真漂亮。

STEP **2** 제시된 단어로 바꾸어 연습해 보세요.　　　　　　🎧 15-09

1 <u>我们该</u>走了。

　　我真的要　　　我想我们要　　　他们马上要

2 <u>门口</u>

　　进　　　　入　　　　出

3 我送你们到<u>门口</u>。

　　那儿　　　酒店　　　机场

4 希望您在北京过得愉快。

首尔　　　　上海　　　　釜山

((🔔)) **釜山** Fǔshān 고유 부산

5 记得给我打电话。

把不用的工具收起来　　　把窗户关上　　　注意安全

((🔔)) **工具** gōngjù 몡 공구, 작업 도구

6 真高兴你喜欢这个礼物。

能来参加会议　　　支持我们的决定　　　决定和我们合作

((🔔)) **支持** zhīchí 통 지지하다

STEP 3 다음 사진의 상황을 참고하여 알맞은 작별 인사말을 해 보세요.

1

▶ ＿＿＿＿＿＿＿＿＿＿＿＿＿＿＿

2

▶ ＿＿＿＿＿＿＿＿＿＿＿＿＿＿＿

😊 마지막 인사말

Zuìhòu, zàicì gǎnxiè gèwèi láibīn、jīnglǐ jí yuángōng zài bǎimáng zhōng
最后，再次感谢各位来宾、经理及员工在百忙中

cānjiā wǒmen de jùhuì. Gǎnxiè jǔbàn zhè cì jùhuì de CTI gōngsī de yuángōngmen
参加我们的聚会。感谢举办这次聚会的CTI公司的员工们

yí ge duō yuè yǐlái de nǔlì hé gè dānwèi de bāngzhù. Tóngshí, wǒmen de
一个多月以来的努力和各单位的帮助。同时，我们的

fāzhǎn lí bu kāi nín de zhīchí, xīwàng bù jiǔ de jiānglái yǒu jīhuì yǔ nín zàicì
发展离不开您的支持，希望不久的将来有机会与您再次

jiànmiàn. Zài zhèlǐ zhù gèwèi shēntǐ jiànkāng、shēnghuó yúkuài、shìyè chénggōng!
见面。在这里祝各位身体健康、生活愉快、事业成功!

💬 Speaking Training

1. 빈칸을 자유롭게 채워 말해 보세요.

_____，再次感谢各位来宾、经理及员工在_____中参加我们的_____。感谢_____这次_____的CTI公司的员工们一个多月_____的努力和各单位的帮助。_____，我们的发展_____您的_____，希望不久的_____有机会与您再次见面。在这里祝各位_____、_____、_____!

🎧 15-11

New Words
- **来宾** láibīn 명 내빈, 손님
- **百忙** bǎimáng 명 매우 바쁨
- **单位** dānwèi 명 단위, 부서
- **事业** shìyè 명 사업

STEP 1 다음 문장과 본문 내용이 일치하면 V, 틀리면 X를 표시하고, 바르게 고쳐 말해 보세요.

1 这次聚会由CTI公司的员工们一个多月以来准备的。 ☐

▶ _____

2 CTI公司希望下个月有机会与他们再次见面。 ☐

▶ _____

3 他在聚会上祝各位学习进步。 ☐

▶ _____

STEP 2 다음 질문에 답해 보세요.

1 这是哪个公司举办的聚会?

▶ _____

2 CTI公司的员工们准备了多长时间?

▶ _____

3 今天的聚会经理来没来?

▶ _____

정리하기

1 记得

'记得'는 동사로 '기억하고 있다'라는 뜻으로 사용됩니다.

我记得他说过这样的话。
Wǒ jìde tā shuōguo zhèyàng de huà.

我怎么会不记得你。
Wǒ zěnme huì bú jìde nǐ.

你要记得注意安全。
Nǐ yào jìde zhùyì ānquán.

我还记得那里风景很好看。
Wǒ hái jìde nàlǐ fēngjǐng hěn hǎokàn.

((🔔)) **风景** fēngjǐng 명 풍경, 경치

2 该……了

당위를 나타내는 '该'가 사용된 문장의 끝에 '了'가 사용되면 무엇을 할 때가 되었음을 강조합니다.

到了该吃饭的时候了。
Dàole gāi chī fàn de shíhou le.

该进去了。
Gāi jìnqu le.

该去拍摄了。
Gāi qù pāishè le.

该你了。
Gāi nǐ le.

((🔔)) **拍摄** pāishè 동 촬영하다, 사진을 찍다

 Quiz 이번 과에서 배운 내용을 바탕으로 중국어로 써 보세요.

1. ① 저는 그가 이렇게 말한 것으로 기억해요. ▶ _____

② 제가 어떻게 당신을 기억하지 못하겠어요. ▶ _____

③ 당신은 안전에 주의해야 한다는 걸 기억해야 해요. ▶ _____

④ 저는 아직 그곳의 아름다운 풍경이 기억나요. ▶ _____

2. ① 밥 먹을 때가 되었어요. ▶ _____

② 촬영 들어가야 합니다. ▶ _____

③ 들어가야 해요. ▶ _____

④ 당신 차례입니다. ▶ _____

3 배웅 표현

가시는 길 평안하시길 바랍니다.	저희를 잊지 마세요.
祝你一路平安。	你别把我们忘了。
Zhù nǐ yílù píng'ān.	Nǐ bié bǎ wǒmen wàng le.
그곳에 도착하면 제게 전화를 주세요.	다음에 또 오세요.
你到那儿就给我打电话。	欢迎再来。
Nǐ dào nàr jiù gěi wǒ dǎ diànhuà.	Huānyíng zài lái.
건강 챙기세요.	조심히 가세요.
请多保重。	一路小心。
Qǐng duō bǎozhòng.	Yílù xiǎoxīn.

4 주의 표현

안전 주의	바닥 미끄러움 주의
注意安全	小心地滑
zhùyì ānquán	xiǎoxīn dì huá
넘어짐 주의	계단 주의
小心跌倒	小心台阶
xiǎoxīn diédǎo	xiǎoxīn táijiē
머리 부딪힘 주의	유리 주의
小心碰头	小心玻璃
xiǎoxīn pèngtóu	xiǎoxīn bōlí

3. ① 가시는 길 평안하시길 바랍니다.
▶ _____

② 저희를 잊지 마세요.
▶ _____

③ 그곳에 도착하면 제게 전화를 주세요.
▶ _____

④ 다음에 또 오세요.
▶ _____

⑤ 건강 챙기세요.
▶ _____

⑥ 조심히 가세요.
▶ _____

4. ① 안전 주의 ▶ _____

② 바닥 미끄러움 주의 ▶ _____

③ 넘어짐 주의 ▶ _____

④ 계단 주의 ▶ _____

⑤ 머리 부딪힘 주의 ▶ _____

⑥ 유리 주의 ▶ _____

1 녹음을 듣고 대화 내용과 일치하는 것을 고르세요. 🎧 15-12

(1) (　　　　　)　　　　　　　　　(2) (　　　　　)

2 녹음을 듣고 질문에 알맞은 답을 고르세요. 🎧 15-13

(1) A 北京　　　　　B 上海　　　　　C 四川

(2) A 北京　　　　　B 东京　　　　　C 首尔

3 주어진 단어를 사용하여 빈칸을 채우세요.

> **보기**　　合作　　　联系　　　愉快　　　下次　　　希望

일정을 마치고 헤어질 때가 되었습니다.

A 关先生，很高兴认识您。

B 我也是，＿＿＿＿＿您在北京过得＿＿＿＿＿。

A 当然，多＿＿＿＿＿。

B 我会再联系您的。

A 和您＿＿＿＿＿很愉快。希望＿＿＿＿＿再见。

B 祝您旅途愉快。再见。

4 주어진 단어를 알맞은 순서로 배열하여 문장을 완성하세요.

(1) 再次　　希望　　有机会　　不久的将来　　与您　　见面　　。

▶ _____

(2) 您的　　我们的　　离不开　　支持　　发展　　。

▶ _____

(3) 各位　　在这里　　身体　　健康　　祝　　。

▶ _____

5 괄호 안의 단어를 넣어 연습한 후, 자유롭게 교체하여 대화해 보세요.

(1) A 关先生，很高兴认识您。
　　 B 我也是，希望您在_____过得愉快。(北京)

(2) A 什么时候来_____，记得给我打电话。(东京)
　　 B 我下次到_____时一定会去看看您的。(东京)

6 제시된 표현을 사용하여 다음 주제와 상황에 맞게 말해 보세요.

주제　헤어질 때 인사말

상황　모든 일정을 마치고 이제 귀국하려 합니다. 상대방에게 적절한 인사말을 해 보세요.

표현　联系　　打电话　　一路顺风　　旅途愉快　　记得　　下次

부록

본문 해석

* Unit 01 *

회화

A 저는 광고팀 샤오원인데요. 샤오까오인가요?

B 샤오원, 안녕하세요. 디자인에 무슨 문제가 있나요?

A 아니요. 우리가 프린터를 고장 내서요.
   그쪽 것을 빌려 쓸 수 있을까요?

B 네, 내려와서 가져가세요.

A 네, 그럼 제가 바로 내려가겠습니다. 감사해요.

B 아닙니다.

A 여보세요. 샤오첸인가요? 저는 제품팀 원샤오위에
   입니다.

B 접니다. 무슨 일이시죠?

A 승합차를 한 대 예약해서 금요일 오후에 쓰려고요.

B 죄송하지만 승합차는 이미 다른 분이 예약을 해서
   요. 다른 차도 괜찮나요?

A 괜찮아요. 어쨌든 저희가 세 명뿐이라서요. 그럼 4
   인승으로 알아봐 주세요.

B 네. 금요일 오후 4인승 차량이요.

A 미스터 까오, 늦게 도착해 죄송합니다. 다른 사람이
   차를 갖고 나간 걸 출발할 때야 알았습니다.

B 괜찮습니다. 저도 막 도착했어요.

A 이게 저희의 새 광고 디자인입니다. 여기요.
   노란색으로 표시된 부분이 당신과 상의를 하고 싶
   은 부분입니다.

B 네, 빨간색 표시된 부분이 있네요?

A 그것들은 수정해서 저번과 달라진 부분들입니다.

B 네. 변화가 크네요. 제가 잘 살펴보겠습니다.

단문

나는 오늘 잘 지내지 못했다. 오전에 회의가 끝나고
사장님을 도와 이력서를 한참 찾았다. 그 이력서는 정
말 중요한 건데 사장님이 회의실로 잘못 가져가셔서
하마터면 다른 사람이 가져갈 뻔했다. 오후에는 미스
터 까오에게 파일을 주러 가는데 출발할 때가 되어서
야 차를 다른 사람이 몰고 나간 걸 알아 지각했다. 일

에 문제가 생겼을 뿐 아니라 컨디션도 굉장히 안 좋았
다. 퇴근할 즈음에는 열이 좀 나는 것 같았다. 사장님
이 눈치채고 진료받도록 병원에 차로 데려다 주었다.

* Unit 02 *

회화

A 선생님, 절차가 이미 다 처리되었습니다.

B 언제 신용카드를 받을 수 있을까요?

A 전화로 물어보실 수 있습니다. 전화번호는 400-
   66-95566입니다.
   더 처리하실 게 있으신가요?

B 네, 다른 사람이 나에게 송금할 때, 직접 계좌 번호
   를 알려 주면 되나요?

A 그렇습니다. 고객님 계좌 번호만 알려 주시면 됩니다.

B 네, 감사합니다.

A 저 대신 회사 세금 좀 내 주실 수 있을까요?
   제가 계속 갈 시간이 없어서요. 만약 15일을 넘기면
   낼 수가 없습니다.

B 제가 내 본 적이 없어서요. 어떡하죠?

A 괜찮아요. 제가 샤오첸 있는 곳에 빠진 것 없이 전
   부 준비해 뒀어요.
   직접 가셔서 내기만 하시면 됩니다.

B 네, 제가 그녀를 찾아가겠습니다. 잘 모르겠으면 전
   화로 물어볼게요.

A 샤오원, 제가 휴가 때 여행을 갈 계획인데 혼자 비
   자를 발급받는 게 번거롭나요?

B 그렇지 않아요. 절차가 간단해요. 그런데 필요한 것
   들을 반드시 가져가야 해요.
   인터넷에서 한번 검색해 보세요. 나라마다 요구가
   조금 달라서요.

A 네, 알겠습니다. 감사합니다!

B 그리고 만약 미국이나 일본 같은 이런 나라들은 미
   리 예약하셔야 해요!

A 인터넷으로 예약이 되나요?

B 네. 잘 모르는 부분이 있으면 다시 저에게 물어보세요.

단문

　지금은 비자 발급 절차가 간단하다. 여행사를 통해서 해도 되고, 자기가 처리해도 되는데 나는 직접 하는 것을 좋아한다. 먼저 인터넷에서 시간을 예약하고 요구에 따라 여권이나 사진 등을 가지고 간다. 수속할 때는 우선 표를 작성하고 비자 면접관과 인터뷰를 하면 된다. 만약 통과하면 다시 대사관에 가서 수속을 하고 비자를 받게 된다. 나라마다 비자 발급 시간은 다르다. 어떤 국가는 길고, 어떤 국가는 짧다. 일반적으로 근무일 기준 15일 정도면 처리된다. 나라마다 비자 발급에 드는 비용도 다른데 어떤 나라는 무료이고 어떤 나라는 비교적 비싸다.

* Unit 03 *

회화

A 여보세요! 안녕하세요. 베이징 국제 회의 센터입니다. 무엇을 도와 드릴까요?
B 안녕하세요! 저는 CTI 회사의 왕씽입니다. 내일 회의실 하나를 예약하려고요. 대략 50여 명이고 오전 8시에서 오후 6시까지 비는 회의실이 있을까요?
A 네, 선생님. 회의실은 시간당 400위안입니다. 괜찮으세요?
B 좀 비싸네요. 좀 싸게 할 수 있나요?
A 죄송합니다. 선생님. 이게 제일 저가입니다.
B 좋습니다. 그럼 내일로 예약하겠습니다.
A 네, 오전 8시에서 오후 6시로 예약해 드렸습니다.

A 장 사장님, 회의 센터 예약했습니다.
B 빨리 예약하셨네요. 회사에서 먼가요?
A 멀지 않습니다. 차로 10분이면 도착합니다. 교통도 편리하고요.
B 좋네요. 점심때 손님들 식사 문제는 어떻게 했나요?
A 점심은 뷔페로 준비했습니다. 1인당 100위안의 기

준으로 준비했습니다.
B 괜찮네요. 그리고 회의가 끝난 후 진행되는 활동도 미리 준비해 주세요.
A 전부 다 준비했습니다.

A 안녕하세요! 춘톈 호텔입니다. 무엇을 도와 드릴까요?
B 안녕하세요! 어제 호텔 스탠다드룸을 하나 예약했는데요. 제가 날짜를 잘못 말했는데 바꿀 수 있나요?
A 이름을 말씀해 주시겠어요? 제가 한번 보겠습니다.
B 저는 저우위에라고 합니다. 예약은 2월 10일로 했는데 2월 11일로 바꿔 주세요.
A 네, 바꿔 드렸습니다.
B 감사합니다.

단문

　제가 회의를 어떻게 준비하는지 말씀 드리려 합니다. 우선 회의 시간, 인원수를 안 다음 전화 또는 인터넷으로 예약을 합니다. 회의 센터의 직원과 시간 및 가격에 대해 이야기한 후 요구 사항을 전하고 그들이 미리 준비할 수 있도록 해야 합니다. 회의 시작 하루 전에는 회의실의 상황을 체크하러 가야 합니다.

* Unit 04 *

회화

A 샤오리, 첫 직장은 어때요? 만족스러워요?
B 정말 좋아요. 우리 회사는 신입 직원에게 관심이 많거든요.
A 그거 잘됐네요. 저도 베이징에서 저에게 맞는 일을 찾았어요.
B 들었습니다. 졸업 후에 대기업에 가셨다면서요.
A 맞아요. 국제 여행사예요. 저는 가이드예요.
B 저도요. 우리 일이 같을 줄 생각도 못했네요.

A 리 사장님, 오랜만입니다. 늘 왕 사장님에게 귀사가 요즘 성장세라고 들었습니다.
B 귀사만큼 좋지는 않습니다.

본문 해석

사장님 회사는 지금 이미 세계 3대 여행사잖아요.
A 그쪽도 발전이 빠르던데요. 올해 이미 세 번째 배도 샀고요.
B 아닙니다. 다음번에 기회가 되면 협력해요!
A 좋지요. 우리 협력할 기회가 있을 겁니다.

A 이번 기회에 귀사를 방문할 수 있어서 정말 기쁩니다.
B CTI 회사의 씨에 사장님이 우리에게 귀사를 소개해 주셨어요.
이번에 모신 것은 저희에 대해 알려 드렸으면 해서요.
A 가장 정확한 결정을 내리신 것이라고 감히 말씀 드릴 수 있습니다.
B 우리 회사의 주요 업무는 광고입니다. 다년간 경험을 가진 세계 유명 기업이고요. 이런 것들에 대해서는 이미 알고 계실 것 같네요.
A 귀사가 제작한 광고를 봤습니다. 전반적으로 귀사의 업무 수준에 만족하고 있습니다.
B 잘됐습니다. 귀사와 업무 관계를 맺을 수 있기를 바랍니다.

단문

나는 대담하게 생각하고 과감하게 행동하는 사람이다. 그래서 졸업 후에 상품 디자인 일을 찾았다. 우리 회사는 대기업으로 본사는 베이징에 있고 만여 명의 직원이 있다. 우리 회사는 성장이 빨라서 몇 년 만에 세계 여러 국가에 지점을 설립했다. 회사의 공장이 크고, 생산된 제품은 사람들에게 인기가 있다. 주요 원인은 회사 직원들이 책임감 있게 일하고 회사의 발전에 관심이 있으며 디자인한 상품 역시 사람들의 요구를 충족시키기 때문이다.

회화

A 왕 사장님, 안녕하세요. 저희 공장에 오신 것을 환영합니다.
B 안녕하세요. 귀사의 공장을 참관하게 되어서 기쁩

니다.
A 저는 공장장님 비서 리후이라고 합니다. 오늘 제가 여러분을 모시고 참관할 겁니다.
B 감사합니다. 공장은 언제 생산을 시작했나요?
A 1990년이요. 30년 되었습니다. 그때는 공장이 작았는데 지금은 대략 8만 5천 평방미터 정도 됩니다.
B 제가 생각한 것보다 훨씬 크네요.
A 이쪽으로 오시죠. 궁금한 게 있으시면 제게 물어보세요.

A 여기는 우리 생산 작업장입니다.
B 정말 깨끗하네요. 상품 품질은 어떻게 검사하나요?
A 우리 공장에는 품질 관리 기사가 있어요. 그분들이 품질 검사를 책임집니다.
모든 상품이 반드시 5번의 검사를 필수적으로 거칩니다.
B 품질이 관건이죠.
A 맞는 말씀입니다. 우리는 매년 품질 관리에 가장 큰 비용을 들입니다.

A 왕 사장님, 여기가 바로 우리 공장입니다. 괜찮은가요?
B 굉장히 좋네요. 저는 귀사의 생산 수준을 믿습니다.
A 감사합니다. 귀사가 우리와 같이 일하기를 바랍니다.
B 우리 회사가 직접 디자인하고, 귀사가 생산을 하면 좋겠습니다.
A 가능합니다. 우리는 다른 회사와 자주 그런 식으로 협업을 합니다.
B 만약 우리가 지금 주문하면 가장 빠르면 언제 납품하실 수 있나요?
A 그건 주문량과 상품에 따라 다릅니다. 우선 회의실로 돌아가서 이야기하시죠.

단문

오늘 나는 한 공장을 참관했다. 공장은 정말 컸다. 대략 8만 5천 평방미터에 디자인팀과 생산팀을 가지고 있었다. 그들에게는 20명의 자체 디자이너가 있다. 그들은 회사 자체 디자인 상품을 생산할 뿐만 아니라 다른 회사와 협업하여 생산하기도 한다. 나는 그들의 디자인을 보았는데 정말 좋다고 느꼈다. 이 공장은 품질에 대한 요구가 높다. 공장은 매우 깨끗했고 품질 관리 기사가 있어서 모든 상품은 반드시 5번의 검사를 거친다. 나는 그들과 납품 시기 문제에 대해 이야기했고 우리가 주문한 상품은 2021년 4월 전에 인도하기로 했다.

* Unit 06 *

A 안녕하세요, 어떤 제품을 찾으세요?
제가 설명해 드릴게요.

B 감사합니다. 우선 좀 볼게요.

A 네, 지금 보고 계신 건 시장에서 가장 잘 팔리고 있는 상품이에요.

B 왜 그렇게 잘 팔려요?

A 그게 품질도 좋고 가격도 싸서요.

A 안녕하세요, 이게 가장 잘 팔리는 휴대 전화인가요?

B 네, 바로 이것입니다.

A 소개 좀 해 주실래요?

B 네, 그럼요. 이런 휴대 전화는 젊은 사람들이 쓰기에 좋아요. 사진도 찍을 수 있고 노래도 들을 수 있거든요. 한번 해 보세요.

A 이 휴대 전화는 지금 얼마죠?

B 지금은 물건이 없어요. 전화번호 남기시면 물건이 들어오는 대로 바로 전화로 알려 드리겠습니다.

A 저우 사장님, 지난달 제품 판매 현황을 보고하겠습니다.

B 네, 말씀하세요.

A 휴가 기간이라 지난달 우리는 판매 계획을 달성했을 뿐 아니라 전체 판매량 역시 많이 증가했습니다. 그중 베이징 지점은 와이셔츠 100만 벌 판매를 달성했고요.

B 다른 도시의 판매 상황은 어떤가요?

A 다른 도시의 판매는 어려움이 있습니다. 신상품의 판매를 포함해 모두 어려워요.

B 이 상황을 해결할 방법을 생각해야겠네요.
잠시 후 회의가 열리면 이 문제에 대해서 잘 상의해 보죠.

단문

이번 달 회사에서 신상품을 출시했다. 시장에 대한 이해가 없어서 처음에는 신상품 판매에 어려움이 있었다. 이 중요한 시기에 노력으로 정확한 판매 방향을 찾았다. 신상품은 품질이 좋고 가격이 싸서 지금 시장에서 판매 상황에 변화가 생겨서 잘 팔리고 있다. 나는 항상 회사의 발전은 매 직원의 노력과 무관하지 않음을 상기한다. 그래서 회사는 주말에 다과회를 열기로 결정했다. 모두가 참가할 수 있기를 바란다.

* Unit 07 *

회화

A 미스터 마, 좋은 아침입니다. 어제 잘 쉬셨어요?

B 네, 감사합니다.

A 오늘 날씨가 좋네요. 며칠간 줄곧 비가 내렸었는데 여러분들이 오시니 날씨가 좋아졌어요.

B 정말요? 잘됐네요.
이거 우리의 이번 협상이 잘 풀릴 것 같네요.

A 9시가 다 되었습니다. 우리 시작하죠.

A 왕 사장님, 10분 정도 쉰 것 같은데 이어서 이야기하죠?

B 네, 마 사장님, 다음 부분으로 넘어가죠.

A 좋습니다. 가장 어려운 가격에 대해 이야기를 마쳤습니다.
다음은 어떻게 지불할 것인지에 대해 이야기해야 합니다.

B 네, 가격 이야기를 마쳤으니 다른 문제들은 수월하게 해결될 겁니다.

A 맞아요, 그럼 시작하시죠.

A 마지막 문제만 해결 안 되었네요. 시간이 정말 빠르

게 갑니다.

B 네, 당신과 협력을 할 수 있어서 기뻐요.

A 내일 우리 공장에 참관하러 한번 가실 수 있을까요?

B 그럼요, 저는 줄곧 귀사의 생산 부서를 방문하고 싶었어요.

A 그럼 내일 제가 모시고 공장을 참관하기로 결정한 겁니다.

B 좋습니다. 그럼 논의 시작하시죠.

단문

협상 시작 전에 우선 미스터 마의 방문을 환영합니다. 지난주 우리는 첫 번째 협상에서 좋은 시작을 했으나 논의는 아직 끝나지 않았습니다. 왜냐하면 모두들 가격 문제에서 서로 다른 의견을 갖고 있기 때문입니다. 그래서 이번 협상은 주로 가격 문제에 대해 논의했습니다. 이번 협상을 위해 우리는 시장 조사를 하는 등 많은 준비를 했습니다. 우선 미스터 마께서 조사에 따른 견해를 말씀하시겠습니다. 그럼 시작하시죠.

* Unit 08 *

회화

A 왕 사장님, 이 사각 탁자는 할인하나요?

B 우리 단골이신데 5% 할인해 드릴게요.

A 더 싸게 해 주실 수 있나요?

B 만약 정말 사실 거면 제가 하나에 10% 할인해 드릴게요. 더 싸게는 안 됩니다.

A 감사합니다. 좀 더 생각해 볼게요.

B 신중하게 고려해 보세요.

A 리 사장님, 우리 회사 상품을 다 보셨는데 어떠세요?

B 상품은 좋은데 조금 비싸네요.

A 우리 회사 상품은 품질이 매우 좋아서 이 가격도 비싼 게 아니에요.

B 늘 그렇게 말씀하시네요. 우선 생각 좀 해 볼게요.

A 시장 조사를 해 보셔도 좋습니다. 우리 상품이 잘 팔리거든요. 신중하게 고려해 보시기 바랍니다.

A 리 사장님 우리 회사에 오신 것을 환영합니다. 오늘 협상을 시작하시죠.

B 우리가 시장 조사를 할 때 귀사의 상품 가격이 다른 회사보다 비싸다는 걸 발견했습니다.

A 조사를 하실 때 우리 상품이 가장 유명하고 품질이 좋다는 것도 아셨을 겁니다. 이 가격은 조금도 비싼 게 아닙니다.

B 상품의 품질은 당연히 가장 중요합니다. 하지만 이 가격은 너무 높아요. 좀 더 싸게 해 주실 수 있나요? 만약 귀사가 10% 할인해 주신다면 1000개를 더 사겠습니다.

A 생각해 봤는데 만약 귀사가 1000개를 더 사신다면 가격을 10% 할인할 수 있습니다.

B 좋습니다. 그럼 이번에 7000개를 사겠습니다.

A 감사합니다! 다음번에도 귀사에서 또 우리 상품을 선택해 주시기 바랍니다.

단문

마 사장님, 이번 협력안에 대해 우리는 이미 여러 차례 논의를 했습니다. 좀 더 고려해 주시는 것이 좋을 것 같습니다. 만약 귀사가 이 계획을 받아들이지 않으시면 우리는 다른 회사와 협력할 수밖에 없습니다. 저희는 좀 더 좋은 가격을 논의하고 싶습니다. 귀사와 일하고 싶지만 가격이 좀 더 싸야만 합니다. 이 가격은 저희가 생각한 것보다 높습니다. 가격에 대해 다시 한번 진지하게 생각해 주세요. 제가 다음 주에 또 연락 드리겠습니다.

* Unit 09 *

회화

A 미스터 황, 좋은 저녁입니다. 이렇게 와 주셔서 기쁩니다. 앉으세요.

B 초청해 주셔서 감사합니다.

A 마 사장님도 곧 도착합니다. 마 사장님께서는 당신이 이번 연회에 참가해 주시길 줄곧 바랐습니다. 무엇을 마시겠어요?

B 감사합니다. 차로 하겠습니다.

A 마 사장님, 당신 덕분에 이번 협상이 성공할 수 있었습니다.
B 아닙니다. 너무 겸손하십니다.
A 다음번에도 마 사장님과 협력할 기회가 있기를 바랍니다.
B 우리 우선 건배하시죠, 즐거운 협력이 되기를 바랍니다.
A 죄송합니다, 제가 운전을 해서 술을 마시지 못 합니다. 차를 마실게요. 우리의 성공적인 협력을 위해 건배!
B 건배!

A 미스터 왕, 당신은 기업 안전 관리 분야의 전문가이십니다. 이번 연회는 미스터 왕과 귀 회사에서 우리 문제를 해결해 준 데에 대해 감사하기 위해서입니다.
B 우리 회사의 안전 관리 업무는 줄곧 훌륭해서 많은 기업에서 우리와 협력을 합니다.
A 지난번 협력은 정말 즐거웠습니다. 이 밖에도 우리는 귀사에서 우리 회사의 안전 관리 업무를 맡았으면 합니다. 어떠신지요?
B 우리도 귀사와 협력하기 원합니다.
A 협력 조건은 우리 다른 시간에 다시 귀사와 논의하도록 하지요. 오늘은 우선 지난번 우리의 성공적인 협력을 위해 건배합시다!
B 건배!

단문

여러분 좋은 저녁입니다! 오늘 여러분을 연회에 모신 것은 다년간 우리 회사와 협력을 해 주신 것에 감사하기 위해서입니다. 여러분은 모두 회사의 오랜 고객이십니다. 회사가 지금 빠르게 발전하고, 상품은 시장에서 잘 판매되고 있으며, 요 몇 년 여러분과의 협력도 매우 잘 이루어지고 있습니다. 우리 회사의 성공은 여러분의 도움 없이는 불가능했습니다. 여러분 감사합니다! 우리의 협력을 위해 건배!

* Unit 10 *

회화

A 여기요, 우리 요리가 왜 아직 안 나오죠?
B 죄송합니다, 선생님. 한번 보겠습니다.
A 만약 아직 나오지 않았으면 이 요리는 안 하는 걸로 할게요.
B 네. 제가 가서 보겠습니다. 만약 5분 후에도 나오지 않으면 취소해 드리겠습니다.
A 네, 저는 최대 5분 더 기다리겠습니다.

A 사장님, 안녕하세요! 이 신발은 신어 보니 불편해서 반품하려고요.
B 이건 37호인데 다른 걸로 바꾸시겠어요?
A 아니요. 반품하려고요.
B 네, 저에게 영수증을 보여 주세요.
A 여기요. 7일 내 반품 보장, 1개월 내 교환 가능한 거 맞죠?
B 네, 좀 기다려 주세요. 반품 절차를 진행하겠습니다. 계산할 때 신용카드로 하셨지요?
A 네.
B 3일 후에 신용카드로 돈이 환불될 겁니다. 그때 한번 확인해 보세요.

A 안녕하세요. 고객 센터입니다.
B 안녕하세요. 제가 그쪽 사이트에서 정장을 한 벌 샀는데 너무 작아서요. 반품하고 싶습니다.
A 주문 번호가 어떻게 되세요?
B B0413925786입니다.
A 이 정장은 7일 내 반품 보장이네요. 저희가 댁으로 직원을 보내서 무료로 회수하겠습니다. 반품을 회수할 주소가 운송장의 주소와 같나요?
B 네, 대략 언제쯤 가지러 오시나요?
A 최근에 주문이 많아서 며칠의 시간이 필요할 것 같습니다. 저희 직원이 고객님께 미리 연락을 드릴 거예요.

본문 해석

단문

　마 사장님, 저희 회사는 2020년 5월 9일에 귀사가 보낸 텔레비전 1000대를 받았습니다. 계약서에 따르면 만약 텔레비전 품질에 문제가 있으면 반품을 요구할 수 있습니다. 죄송하지만 검사를 해 보니 귀사가 생산한 텔레비전이 계약서의 품질 기준에 미치지 못해서 저희 회사는 어쩔 수 없이 반품함을 알려 드립니다. 저에게 전화를 주시기 바랍니다.
　감사합니다.

* Unit 11 *

회화

A 저희 매장을 찾아 주셔서 감사합니다!
B 원 사장님이신가요? 제가 산 물건의 무게가 모자라요.
A 언제 사신 건가요? 제가 알아보겠습니다.
B 어제 오후입니다. 세 근 값을 냈는데 두 근 반밖에 없어요.
A 여기서 잠깐 쉬고 계세요. 제가 바로 해결하겠습니다.
B 이런 문제가 다시 발생하지 않길 바랍니다.

A 여보세요, 미스터 까오인가요? 저는 저우 사장입니다.
B 저우 사장님 안녕하세요. 저 미스터 까오입니다. 무슨 일 있으신가요?
A 우리가 아직 당신 회사의 물건을 못 받았어요.
B 죄송합니다. 저우 사장님! 저희 쪽에서 물건을 늦게 발송했습니다. 하지만 내일 꼭 도착할 거라 사업에 지장을 주지는 않을 겁니다.
A 미리 우리에게 말을 해 줬어야죠. 우리는 당연히 오늘 받을 걸로 생각했어요.
B 네, 이번에 제가 일을 제대로 하지 못했습니다. 다음에는 꼭 미리 말씀 드리겠습니다.
A 이런 문제가 다시는 생기지 않았으면 합니다.

A 승객 여러분, 날씨로 인해 베이징에서 시안으로 가는 비행기가 1시간 50분 지연되겠습니다.
B 또 지연된다고? 저번에도 비행기가 지연되어 내 사업에 지장을 주더니!

당신들 사장 좀 만납시다!
A 선생님, 안녕하세요. 비행기 지연에 대해서는 정말 죄송합니다. 하지만 고객님의 안전을 위해 이런 날씨 상황에는 이륙할 수 없습니다. 협조해 주시면 감사하겠습니다.
B 이런 일이 다음에는 없었으면 합니다.

단문

　회사 업무상 나는 출장을 자주 간다. 오늘은 시안에서 난징으로 가는 비행기가 또 지연되어 마음을 졸였다. 이미 다른 사람과 회의 시간을 잡아 두었기 때문이다. 공항의 직원은 나와 다른 승객들에게 미안하다고 했다. 사실 우리도 모두 승객의 안전을 위한 것이라는 점을 안다. 어쩔 수 없이 안전한 도착을 위해 나는 기다릴 수밖에 없었다. 기다릴 때 내가 할 일들을 정리했다. 일에 큰 영향이 없기를 바랄 뿐이다.

* Unit 12 *

회화

A 미스터 데이빗, 이쪽으로 오세요. 리 사장님이 303호 회의실에서 기다리세요.
B 감사합니다. 오늘 면접 보는 사람 많나요? 엄청 긴장되네요.
A 긴장하지 마세요. 리 사장님이 당신 이력서에 만족해하셨어요.
B 감사합니다. 노력할게요.
A 파이팅! 성공을 기원합니다!
B 감사합니다. 들어갈게요.

A 안녕하세요. 우리 회사에 오신 것을 환영합니다. 우선 간단한 자기 소개 부탁 드립니다.
B 안녕하세요! 저는 데이빗이라고 하며, 미국인입니다. 뉴욕대를 졸업했고 신문방송을 전공했습니다.
A 당신은 왜 우리 회사에서 일하고 싶으신가요?
B 저는 귀사가 중국에서 사업을 하려는 계획이 있다

고 알고 있습니다. 저는 중국 문화에 관심이 많아서 줄곧 중국에서 일하고 싶었습니다. 이것이 제가 귀사를 선택한 첫 번째 이유입니다. 두 번째는 제가 귀사에서 일하면 좋은 발전 기회를 얻을 수 있다고 생각해서입니다. 제 이력을 보시면 알 수 있듯이 저는 신문방송을 배웠고 중국어를 할 줄 압니다. 저는 줄곧 중국어를 사용할 수 있는 직업을 찾길 바랐습니다. 이것이 바로 제가 귀사를 선택한 이유입니다.

A 다른 하실 질문 있으신가요?
B 있습니다. 이 일은 출장을 가야 하나요?
A 필요한 경우라면요. 또 질문이 있으신가요?
B 없습니다.
A 네, 면접을 보러 와 주셔서 정말 감사합니다. 저희가 다음 주 주말 전에 연락 드리겠습니다.
B 정말 감사합니다.
A 나가실 때 다음 응시자에게 들어오라고 해 주실 수 있을까요?
B 네. 안녕히 계세요.

단문

장 사장님 안녕하세요. 저는 미국에서 온 왕신이라고 합니다. 저는 뉴욕대학을 졸업했고 신문방송을 전공했습니다. 저는 미국에 있을 때 한 신문사에서 2년간 일한 적이 있습니다. 발전 기회가 적고 수입이 비교적 적어서 올해 6월 저는 그 신문사를 그만두고 중국으로 돌아왔습니다. 제가 신문에서 귀사의 구인 광고를 봤는데 귀사의 광고부 일이 저에게 맞을 것 같아서 응시합니다. 저는 연봉에 특별한 요구가 없습니다. 이 기회를 제게 주시기 바랍니다. 감사합니다.

회화

A 리 사장님, 이것은 올해 시장 조사 계획입니다.
B 몇 개 매장과 몇 명의 고객을 조사할 계획인가요?
A 280개 매장에 39,800명의 고객입니다.
B 많네요. 다 하실 수 있겠어요?
A 어려움은 있겠지만 우리는 이번 조사가 고객의 구매 성향을 파악하는 데 도움이 될 것으로 생각합니다.
B 맞아요. 그게 우리 생산과 판매 부서 모두에 중요하죠.

A 저우 사장님, 제가 한 작은 조사에 대해 보고 드리고 싶습니다.
B 말씀하세요.
A 제가 우리 회사의 직원 100명을 대상으로 무엇이 동료들의 일상 생활에 미치는 영향이 가장 큰지 조사했습니다.
B 이 조사가 우리 회사 업무와 어떤 관련이 있죠?
A 제가 알려 드리고 싶은 것은 조사에 따르면 우리는 월급 인상이 필요하다고 생각합니다.
B 월급 인상? 알려 주신 사항은 오너와 상의가 필요해요.
A 오너에게 건의해 주시기 바랍니다.

A 안 사장님, 이건 우리 마케팅부가 회사 상품 판매에 대해 진행한 조사 보고서입니다.
B 간단하게 소개해 주시죠.
A 네, 조사에 따르면 성별에서 우리 회사 상품을 이용하는 고객 중 59%가 여성이었습니다.
B 이 수치는 여성 고객이 작년보다 많이 증가했다는 거군요. 남성 고객은 감소하고요.
A 네. 20~30세 고객 역시 작년보다 18.5% 증가했습니다. 우리의 고객 중 젊은 층이 늘었다는 것을 알 수 있습니다.
B 이거 좋은 소식이네요. 우리 회사의 상품은 젊은 여성을 위한 거니까요.

단문

이것은 우리 마케팅부의 올해 시장 조사 보고서입니다. 올해 우리 회사는 모두 13개의 신상품을 생산했고 상품 판매량은 작년보다 15.2% 증가했습니다. 조사에 따르면 우리 회사 상품을 사용하는 고객은 성별을 기준으로 58%가 남성이며 여성 고객 역시 작년보다 증가해서 7.3% 포인트 늘었습니다. 젊은 고객 역시 많아져서 61%의 고객 연령이 20~30세입니다. 젊은 고객들은 가격에 관심이 매우 많아 할인 행사가 늘고 가격이 좀 더 저렴하기를 바라고 있습니다.

---

* Unit 14 *

회화

A 계약 기한이 언제까지죠?
B 2021년 3월입니다.
A 아직 수정해야 할 곳이 있나요?
B 없습니다. 있어야 할 건 다 있습니다.
A 다시 한 번 꼼꼼하게 살펴봐 주세요.

A 씨에 사장님, 이 서류는 CTI 회사에서 보내온 계약서입니다.
B 책상에 두세요. 잠시 후에 보겠습니다. 한 부 더 복사해서 저우 사장에게도 보내 주세요.
A 저우 사장님은 이미 보셨는데 불만이 조금 있으세요.
B 무슨 문제가 있나요?
A CTI 회사가 디자인한 포장이 마음에 들지 않으신 것 같습니다.
B 제가 다시 볼게요. 내일 장 사장이 와서 미팅할 수 있도록 일정을 잡아 주세요.

A 장 사장님, 저는 이미 계약서를 봤습니다.
B 계약서에 무슨 문제가 있나요?
A 저는 귀사가 상품의 품질 검사 기준을 높여 주셨으면 합니다.
B 우리 공장의 생산부는 모든 상품에 3번의 검사를 해야 합니다. 가장 많이는 5번까지 할 수도 있습니다.

A 좋습니다. 회의가 끝나고 계약서를 수정해 주십시오.
B 문제없습니다. 또 다른 문제가 있으십니까?
A 계약서는 언제 준비가 될까요?
B 모레요.

단문

황 사장님, 우리 바로 사무실로 가서 협상을 시작하시죠. 계약에 대해 아직 묻고 싶은 것들이 있습니다. 만약 아직 수정을 할 여지가 있다면 우리는 늘 협력을 원합니다. 우리는 귀사가 다시 우리의 요구를 고려해서 다시 계약을 수정하길 바랍니다. 지불 문제에서 양측이 서로 다른 생각이 있으니 어쩔 수 없이 다시 토론을 해야죠. 우리는 이번 협상이 계약을 맺기 전 최후의 협상이기를 바랍니다.

---

* Unit 15 *

회화

A 저희는 가야 할 것 같습니다.
B 네, 제가 모셔다 드리겠습니다.
A 괜찮습니다. 나오지 마십시오. 빠른 시일 안에 또 만날 수 있기를 바랍니다.
B 네, 제가 입구까지 배웅하겠습니다.

A 미스터 꽌, 알게 되어 기쁩니다.
B 저도요, 베이징에서 즐거운 시간 되시길 바랍니다.
A 그럼요, 자주 연락하시죠.
B 제가 또 연락 드리겠습니다.
A 당신과 일하게 되어 기쁩니다. 다음에 또 뵙기를 바랍니다.
B 즐거운 여정이 되시기를 바랍니다. 안녕히 가세요.

A 미스 팡, 도와주셔서 감사했습니다.
B 당신의 가이드가 되기를 바랐었습니다. 베이징에서 즐거운 시간 되시기를 바랍니다.
A 언제 도쿄에 오시면 전화하시는 거 잊지 마세요.
B 다음에 도쿄에 가면 꼭 가서 뵙도록 할게요.

A 이 선물을 받으세요.

B 감사합니다. 정말 예쁘네요.

A 좋아하시니 너무 좋습니다. 저는 가야 할 것 같습니다.

B 살펴 가세요.

단문

마지막으로 다시 한번 내빈 여러분과 사장님을 포함한 직원분들이 바쁘신 중에도 우리의 모임에 와 주신 것에 감사합니다. 이 모임을 위해 1개월 넘게 노력해 주신 CTI 회사의 직원분들과 각 부서의 도움에 감사합니다. 또한 우리의 발전은 여러분들의 지지가 중요합니다. 머지않은 시기에 여러분들과 또 만날 기회가 있기를 바랍니다. 이 자리에서 모든 분들이 건강하시고 행복하시고 사업이 번창하시기를 기원합니다!

모범 답안 및 녹음 대본

* Unit 01 *

회화 연습

STEP 1 1 能不能借你们的用一下？ – 可以，你下来拿吧。

2 我想订一辆商务车，周五下午用。 – 不好意思，商务车已经被别人订了。

3 那你帮我安排一个四人座的吧。 – 好了，星期五下午，四人座的车。

STEP 3 1 老板让我准备四杯咖啡。

2 桌子上的杯子被人打碎了。

단문 연습

STEP 1 1 X 不小心被经理拿到会议室去了，差一点儿叫别人拿走。

2 X 不但工作上出问题，而且身体还非常不舒服。

3 V

STEP 2 1 她帮经理找简历找了好久。

2 出发的时候才知道车被别人开走了。

3 她今天身体非常不舒服。

종합 연습

1 (1) B　　(2) C

🎧 녹음

(1) A 打印机让我们用坏了。能不能借你们的用一下？

B 可以，你下来拿吧。

A 好，那我马上下去。谢谢你！

(2) A 这是我们新的广告设计，给您。有黄色标志的部分是想和您商量的地方。

B 好，有红色标志的部分呢？

A 那些是有变化的，和上周的文件不一样的地方。

2 (1) C　　(2) B

🎧 녹음

(1) A 我想订一辆商务车，周五下午用。

B 不好意思，商务车已经被别人订了。

질문) 他什么时候需要商务车？

(2) A 反正我们就三个人。那你帮我安排一个四人座的吧。

B 好了，星期五下午，四人座的车。

질문) 他订的是几人坐的车？

3 迟到，叫，广告设计，商量，不一样

4 (1) 我今天过得不太好。

(2) 不但工作上出问题，而且身体还非常不舒服。

(3) 我觉得自己有点儿发烧。

* Unit 02 *

회화 연습

STEP 1 1 先生，您的手续已经办理好了。 – 什么时候可以收到信用卡呢？

2 别人要给我打钱，直接告诉他们账号，就可以了吗？ – 是的，告诉他们您的账号就可以了。

3 可以上网预约吗？ – 可以。你有不清楚的地方可以再问我。

STEP 3 1 搬家的事我来准备。

2 虽然修理很简单，但是没有需要的零件，所以很麻烦。

단문 연습

STEP 1 1 V

2 X 办理的时候，先填表，再和签证官面签。

3 V

STEP 2 1 可以请旅行社办。

2 在大使馆能拿到签证了。

3 有的国家免费，有的国家就比较贵。

종합 연습

1 (1) C   (2) B

 녹음

(1) A 什么时候可以收到信用卡呢?
   B 您可打电话问一下，电话是400-66-95566。
(2) A 你能不能帮我去给公司交税? 我一直没时间去，如果过了15号，就不能交了。
   B 我没交过，怎么办?
   A 没关系，我全部准备好了，放在小钱那儿，什么都不缺。

2 (1) B   (2) B

🎧 녹음

(1) A 没关系，我全部准备好了，放在小钱那儿，什么都不缺。你直接去交就可以。
   B 好的，我去找她。不清楚的再打电话问你。
   질문) 准备的东西在哪儿?
(2) A 如果是去美国、日本这些国家，要提前预约!
   B 可以上网预约吗?
   A 可以。你有不清楚的地方可以再问我。
   질문) 她想在哪儿预约?

3 给，时间，准备好，可以，不清楚

4 (1) 现在办理签证的手续很简单。
    (2) 根据要求带着护照、照片什么的过去。
    (3) 不同国家签证的费用也是不一样的。

회화 연습

STEP 1 1 我把日期说错了，能换吗? — 能告诉我您的姓名吗? 我帮您看一下。
2 贵了一点儿，能优惠一些吗? — 对不起，先生，这是最低价了。
3 离公司远吗? — 不远，开车十分钟就到了，交通很方便。

STEP 3 1 我想照证件照。什么时间方便呢?
2 想预约一下内科，今天下午两点可以预约吗?

단문 연습

STEP 1 1 X 安排会议的时候，要和会议中心的工作人员谈好时间、价格。
2 V
3 V

STEP 2 1 先了解会议时间和人数。
2 通过电话或者网络的方式预约会议室。
3 要去检查会议室的安排情况。

종합 연습

1 (1) B   (2) A

🎧 녹음

(1) A 中午客人吃饭的问题怎么解决?
   B 中午安排了自助餐，是按照每个人100元的标准准备的。
(2) A 您好! 春天酒店，请问有什么可以帮到您?
   B 您好! 昨天我在你们酒店订了一个标准间，我把日期说错了，能换吗?
   A 能告诉我您的姓名吗? 我帮您看一下。

2 (1) B   (2) C

모범 답안 및 녹음 대본

🎧 **녹음**

(1) A 会议室每小时400元，您看行吗?

　　B 贵了一点儿，能优惠一些吗?

　　A 对不起，先生，这是最低价了。

　　질문) 会议室两个小时多少钱?

(2) A 您好! 昨天我在你们酒店订了一个标准间，我把日期说错了，能换吗?

　　B 能告诉我您的姓名吗? 我帮您看一下。

　　A 我叫周月，订的是2月10号的。请帮我换到2月11号。

　　질문) 他把日期换到几月几号?

3 好，十分钟，自助餐，100元，举办

4 (1) 昨天我在你们酒店订了一个标准间。

　　(2) 我帮您看一下。

　　(3) 我来和你说说怎么安排会议吧。

✽ Unit 04 ✽

회화 연습

STEP 1 **1** 小李，你的第一份工作怎么样? 还满意吗? － 挺满意的，我们公司很关心新员工。

2 我听说了，你毕业后去了一家大企业。 － 对，是一家国际旅行社，我是个导游。

3 我对你们公司的业务水平很满意。 － 太好了，希望能与贵公司建立业务关系。

STEP 3 **1** 我们公司新生产的钢笔最近卖得不错。

2 他们航空公司现在已经是世界第四大航空公司了。

단문 연습

STEP 1 **1** V

2 X 他公司是一家大企业。

3 X 公司的工厂很大。

STEP 2 **1** 发展得很快，几年时间，就在世界上多个国家都设立了分公司。

2 总公司在北京。

3 一共有一万多名员工。

종합 연습

1 (1) C　　(2) A

🎧 **녹음**

(1) A 我听说了，你毕业后去了一家大企业。

　　B 对，是一家国际旅行社，我是个导游。

(2) A 我们公司的主要业务是广告，有多年经验，是一家世界知名的企业，这些您可能都已经了解了。

　　B 我看过贵公司制作的广告。总的来说，我对你们公司的业务水平很满意。

2 (1) C　　(2) B

🎧 **녹음**

(1) A 你们发展得也很快，今年已经买了第三条船了。

　　B 哪里哪里，下次有机会我们一起合作吧!

　　A 没问题，我们总会有机会合作的。

　　질문) 男的的公司今年买了第几条船了?

(2) A 我很高兴能有这次机会访问贵公司。

　　B CTI公司的谢经理向我们介绍了贵公司。这次请您来，也是想请您多了解一下。

　　A 我敢说，这是您做出的最正确的决定。

　　질문) 谁给他介绍了男的的公司?

3 得，没有，买了，合作，总

4 (1) 我找了一份产品设计的工作。

　　(2) 我们公司的主要业务是广告。

　　(3) 我很高兴能有这次机会访问贵公司。

* Unit 05 *

회화 연습

STEP 1
1 工厂是什么时候开始生产的？ — 1990年，有30年了。
2 真干净，你们怎么检查产品质量呢？ — 我们工厂有质检员，他们负责检查质量。
3 我希望我们公司自己设计，由贵公司来生产。— 可以的，我们经常和其他公司这样合作。

STEP 3
1 1994年，有26年了。
2 在最新技术研究方面投资了很多。

단문 연습

STEP 1
1 X 这个工厂挺大的，大概有八万五千平方米，包括设计部和生产部。
2 V
3 X 我看了他们的设计，觉得很好。

STEP 2
1 大概有八万五千平方米。
2 他们有20位自己的设计员。
3 2021年4月前能收到。

종합 연습

1 (1) B (2) C

🔊 녹음
(1) A 王经理，您好，欢迎您来我们工厂！
　　 B 您好，很高兴能到贵厂参观。
(2) A 真干净，你们怎么检查产品质量呢？
　　 B 我们工厂有质检员，他们负责检查质量。所有的产品都必须经过五次检查。

2 (1) A (2) C

🔊 녹음
(1) A 工厂是什么时候开始生产的？
　　 B 1990年，有30年了。那时，我们的工厂很小，现在大概八万五千平方米。
질문) 工厂是什么时候开始生产的？
(2) A 如果我现在订货，最早什么时候交货？
　　 B 那主要由订单的大小和货物决定。我们先回会议室谈谈吧。
질문) 什么时候交货由什么来决定？

3 满意，希望，和，由，可以的

4 (1) 今天，我去参观了一家工厂。
(2) 他们有20位自己的设计员。
(3) 这家工厂对质量要求高。

* Unit 06 *

회화 연습

STEP 1
1 我可以给您介绍一下。— 谢谢，我先看看。
2 为什么销售得这么好呢？ — 因为它质量好，价格便宜。
3 您能给我介绍一下吗？— 好的，没问题。

STEP 3
1 因为7、8月份天气炎热，所以我们的产品卖得更好。
2 9月份气温逐渐下降，所以销售量也在减少。

단문 연습

STEP 1
1 X 质量好，价格也便宜。
2 V
3 V

STEP 2
1 这个月推出了新产品。
2 因为他们不了解市场。
3 举行茶会。

모범 답안 및 녹음 대본

종합 연습

1 (1) A   (2) C

🎧 녹음

(1) A 您好，请问这是你们销售得最好的手机吗？

B 是的，就是这个。

(2) A 周经理，我来向您报告上个月产品的销售情况。

B 好的，你说吧。

A 由于放假，上个月我们不但完成了销售计划，而且总销量也增长了不少。其中北京公司就完成了一百万件衬衣的销售任务。

2 (1) C   (2) C

🎧 녹음

(1) A 您现在看到的是我们在市场上销售得最好的产品。

B 为什么销售得这么好呢？

A 因为它质量好，价格便宜。

질문) 这个产品怎么样？

(2) A 您能给我介绍一下吗？

B 好的，没问题。这种手机适合年轻人用，可以照相，可以听歌。您可以试试。

질문) 这种手机适合谁用？

3 放假，而且，完成，遇到，办法

4 (1) 这个月公司推出了一个新产品。

(2) 公司的发展离不开每一个员工的努力。

(3) 公司决定周末举行一个茶会。

✱ Unit 07 ✱

회화 연습

STEP 1 1 昨天休息得好吗？ — 是的，谢谢。

2 休息了差不多十分钟，我们接着谈吗？ — 没问题，马经理，到下一个部分吧。

3 明天能请您去参观一下我们的工厂吗？ — 可以，我一直想去访问贵公司的生产部门。

STEP 3 1 会议结束了。

2 他们在举手提问。

단문 연습

STEP 1 1 X 这次谈判主要就是讨论价格问题。

2 V

3 X 马先生根据调查谈谈他的看法。

STEP 2 1 上个星期开始的。

2 价格问题上还有不同的意见。

3 他们进行了市场调查。

종합 연습

1 (1) C   (2) A

🎧 녹음

(1) A 今天天气不错。前几天一直下雨，你们一来天气就变好了。

B 真的吗？那太好了。这说明我们这次的谈判会很愉快。

(2) A 明天能请您去参观一下我们的工厂吗？

B 可以，我一直想去访问贵公司的生产部门。

2 (1) A   (2) C

🎧 녹음

(1) A 今天天气不错。前几天一直下雨，你们一来天气就变好了。

B 真的吗？那太好了。这说明我们这次的谈判会很愉快。

A 差不多九点了，我们开始吧。

질문) 现在几点？

(2) A 好，最困难的价格已经谈好了。下面我们应该谈怎么支付了。

B 是的，价格谈好了，其他问题就好解决了。

A 对，那我们开始吧。

질문) 还要解决的问题是什么？

3 没，得，和，参观，说定

4 (1) 我们先欢迎马先生的到来。

(2) 大家在价格问题上还有不同的意见。

(3) 为了这次谈判，我们做了很多准备。

* Unit 08 *

회화 연습

STEP 1 1 李经理，看完我们公司的产品，您觉得怎么样？ － 产品不错，但是有点儿贵。

2 王老板，这个方的桌子打折吗？ － 您是我们的老顾客，我们可以给您5%的优惠。

3 如果贵公司给我们优惠10%，我们再买1000个。 － 我们考虑了一下，如果贵公司再买1000个，价格可以优惠10%。

STEP 3 1 我在考虑通过每天的运动来保持健康。

2 我在考虑租车旅行。

단문 연습

STEP 1 1 V

2 X 这个价格比他们想的要高。

3 X 我方想谈个好一点儿的价钱。

STEP 2 1 不能接受马总提的价格。

2 对他们来说有点儿高。

3 下周再联系。

종합 연습

1 (1) A (2) B

🎧 녹음

(1) A 王老板，这个方的桌子打折吗？

B 您是我们的老顾客，我们可以给您5%的优惠。

(2) A 李经理，看完我们公司的产品，您觉得怎么样？

B 产品不错，但是有点儿贵。

2 (1) B (2) C

🎧 녹음

(1) A 王老板，这个方的桌子打折吗？

B 您是我们的老顾客，我们可以给您5%的优惠。

A 还能再便宜吗？

B 如果您真的想买的话，我可以给您一个10%的优惠，不能再便宜了！

질문) 如果他买桌子有多少优惠？

(2) A 如果贵公司给我们优惠10%，我们再买1000个。

B 我们考虑了一下，如果贵公司再买1000个，价格可以优惠10%。

A 好！那我们这次买7000个。

질문) 他决定买多少个？

3 不错，有点儿，质量，老，希望

4 (1) 这个合作计划我们已经讨论了很多次。

(2) 我方想谈个好一点儿的价钱。

(3) 请再认真考虑一下价格。

모범 답안 및 녹음 대본

* Unit 09 *

회화 연습

STEP 1 1 晚上好，很高兴您能来。— 谢谢您的邀请。
2 我们希望由贵公司来负责我们企业的安全管理工作，您觉得怎么样？— 我们也愿意和贵公司合作。
3 为我们合作成功干杯！— 干杯！

STEP 3 1 你想要什么饮料？
2 为了我们共同的未来，干杯！

단문 연습

STEP 1 1 ✗ 他们的产品在市场上销售得非常好。
2 ✗ 在场的各位都是公司多年的老客户。
3 ✓

STEP 2 1 他们在宴会场地。
2 销售得非常好。
3 他们是公司多年的老客户。

종합 연습

1 (1) B　(2) A

🎧 녹음
(1) A 黄先生，很高兴您能来。请上座。
B 谢谢您的邀请。
(2) A 我们先干一杯，希望我们这次合作愉快！
B 抱歉，我开车，喝不了酒，来杯茶吧，为我们合作成功干杯！

2 (1) A　(2) C

🎧 녹음
(1) A 马经理马上到，他一直很希望您能参加这次宴会。你想要喝点什么？
B 谢谢，来杯茶吧！
질문) 他们要点什么？
(2) A 我们希望由贵公司来负责我们企业的安全管理工作，您觉得怎么样？
B 我们也愿意和贵公司合作。
A 合作条件我们会在另外的时间再和贵公司谈。
질문) 另外的时间他们要谈什么？

3 客气，机会，干，愉快，不了

4 (1) 各位都是公司多年的老客户。
(2) 产品在市场上销售得非常好。
(3) 为我们的合作干杯！

* Unit 10 *

회화 연습

STEP 1 1 服务员，我的菜怎么还没上？— 抱歉，先生，我看一下。
2 您这双是37号的，要换一双吗？— 不用了，我想退货。
3 取货的地址和订单上的一样吗？— 是的，大概什么时候来取？

STEP 3 1 请帮我换一双小号的皮鞋。
2 能帮我修一下电脑吗？

단문 연습

STEP 1 1 ✓
2 ✗ 根据合同，如果电视机质量有问题，他们可以要求退货。
3 ✓

STEP 2 1 他们收到了1000台电视机。
2 电视机在质量上有问题。
3 电视机没有达到合同中的质量标准。

종합 연습

1 (1) C　　(2) B

 녹음

(1) A 服务员，我的菜怎么还没上？
B 抱歉，先生，我看一下。

(2) A 老板，您好！这双鞋穿着不舒服，我
要退货。
B 您这双是37号的，要换一双吗？
A 不用了，我想退货。

2 (1) B　　(2) B

 녹음

(1) A 请给我看一下您的发票。
B 给您。是七天包退，一个月包换吧？
A 是的，请等一下，我给您办一下退货
的手续。
질문) 几天内可以退货？

(2) A 你好，客服中心。
B 你好，我从你们网站买了一套西装，
但是太瘦了。我要退货。
A 请问您的订单号是多少？
B B－0－4－1－3－9－2－5－7－8－6。
질문) 西装哪里有问题，让他要退货？

3 抱歉，退，五分钟后，给，最多

4 (1) 我公司在2020年5月9号收到了贵公司发来
的1000台电视机。
(2) 贵公司生产的电视机没有达到合同中的质
量标准。
(3) 请您给我回个电话。

* Unit 11 *

회화 연습

STEP 1 1 这次是我做得不好，以后我一定提前说。
－ 希望这样的问题以后不再发生。
2 周经理您好，我是小高。有什么事吗？
－ 我们还没有收到你们公司的货物。
3 又晚点？上次飞机晚点，就影响了我一
笔大生意！－ 先生您好，关于飞机晚
点，我们真的非常抱歉。

STEP 3 1 昨天买的鞋，还没有穿鞋跟就坏了。
2 这件衣服的大小不合适。

단문 연습

STEP 1 1 V
2 X 机场的工作人员跟我和其他乘客说抱歉。
3 V

STEP 2 1 他去南京出差。
2 他要坐飞机。
3 飞机晚点了。

종합 연습

1 (1) B　　(2) A

 녹음

(1) A 又晚点？上次飞机晚点，就影响了我
一笔大生意！我要找你们经理！
B 先生您好，关于飞机晚点，我们真的
非常抱歉。

(2) A 昨天下午。我付了三斤的钱，但只有
两斤半。
B 您在这儿休息一下，我马上去解决这
件事。

2 (1) C　　(2) B

모범 답안 및 녹음 대본

🎧 **녹음**

(1) A 欢迎各位顾客光临本店购物！
　　B 是温经理吗？我买的东西重量不够。
　　A 您什么时间买的？我帮您查一下。
　　B 昨天下午。我付了三斤的钱，但只有两斤半。
　　질문) 他买了多少？

(2) A 我们还没有收到你们公司的货物。
　　B 抱歉啊，周经理！我们这边儿发货晚了，但是明天一定能到，不会影响您的生意。
　　A 你应该提前跟我们说，我们以为今天肯定能收到。
　　B 是，这次是我做得不好，以后我一定提前说。
　　질문) 他们可能会什么时候能收到货物？

3 天气原因，晚点，影响，抱歉，起飞

4 (1) 今天从西安到南京的飞机又晚点了。
　　(2) 其实我们也了解这是为了乘客的安全。
　　(3) 希望对工作不会有太大的影响。

✱ Unit 12 ✱

회화 연습

STEP 1 **1** 今天面试的人很多吗？我紧张极了。 — 不用紧张。
　　　　2 请问这份工作需要出差吗？ — 如果需要的话，会的。
　　　　3 你出去的时候能让下一位聘者进来吗？ — 好的，再见。

STEP 3 **1** 别紧张！你可以的！
　　　　2 就像平常一样展示你的长处就可以了。

단문 연습

STEP 1 **1** V
　　　　2 X 他今年六月我离开了报社。
　　　　3 V

STEP 2 **1** 他毕业于纽约大学。
　　　　2 他在一家报社工作过。
　　　　3 他学的是新闻。

종합 연습

1 (1) A　(2) C

🎧 **녹음**

(1) A 今天面试的人很多吗？我紧张极了。
　　B 不用紧张，李总对你的简历很满意。
(2) A 你出去的时候能让下一位聘者进来吗？
　　B 好的，再见。

2 (1) B　(2) C

🎧 **녹음**

(1) A 大卫先生，这边请，李总在303会议室等您。
　　B 谢谢。今天面试的人很多吗？我紧张极了。
　　질문) 面试在哪儿进行？
(2) A 你好，欢迎你来我们公司。请先简单介绍一下自己。
　　B 你们好！我叫大卫，美国人，毕业于纽约大学，我学的是新闻。
　　질문) 他是哪国人？

3 介绍，纽约大学，新闻，计划，简历

4 (1) 今年六月我离开了那家报社。
　　(2) 我在报纸上看到了贵公司的招聘广告。
　　(3) 我觉得自己很适合贵公司广告部的这份工作。

* Unit 13 *

회화 연습

STEP 1
1 你们计划调查多少个商场？多少位客户？— 280个商场，39800位客户。
2 这个调查和我们公司的业务有什么关系？— 根据我的调查，我认为我们需要涨工资了。
3 安经理，这是我们市场部对公司产品销售的调查报告。— 你给我简单介绍一下吧。

STEP 3
1 从这个图表来看，消费者的主要年龄段是20－30岁。其次是30－40岁。
2 从这个图表来看，和传统家电相比智能家电销售量有显著的增长。

단문 연습

STEP 1 **1** X 今年，这个公司一共生产了13个新产品。
2 V
3 V

STEP 2 **1** 增加了15.2%。
2 58%。
3 他们主要考虑产品的价格。

종합 연습

1 (1) A　(2) C

🔊 녹음
(1) A 你们计划调查多少个商场？多少位客户？
B 280个商场，39800位客户。
(2) A 这个数字说明女性客户比去年增加了很多啊，男性客户减少了。
B 是的，20到30岁的客户也比去年增加了18.5%，说明我们的客户中年轻人更多了。

2 (1) B　(2) B

🔊 녹음
(1) A 我调查了我们公司的100位员工，主要是想了解什么对同事们的日常生活影响最大。
B 这个调查和我们公司的业务有什么关系？
A 我想告诉您，根据我的调查，我认为我们需要涨工资了。
질문) 据调查，大多数员工愿意什么？
(2) A 这个数字说明女性客户比去年增加了很多啊，男性客户减少了。
B 是的，20到30岁的客户也比去年增加了18.5%，说明我们的客户中年轻人更多了。
A 这是个好消息，我们公司的产品就是为年轻女性设计的。
질문) 公司的主要客户是谁？

3 计划，不少，困难，帮助，购物习惯

4 (1) 这是我们市场部今年的市场调查报告。
(2) 产品销量比去年增加了15.2%。
(3) 年轻客户非常关心我们产品的价格。

* Unit 14 *

회화 연습

STEP 1
1 合同什么时候到期？— 2021年3月。
2 还有需要修改的地方吗？— 没有了，应该有的都有了。
3 我希望贵公司提高产品的质量检查标准。— 我们工厂的生产部对所有产品要检查三次，最多提高到五次。

STEP 3
1 A 这是我们公司的合同。确认好了吗？
B 没问题了。
2 A 这次会议很成功。
B 希望今后还能和贵公司合作。

모범 답안 및 녹음 대본

단문 연습

STEP 1 1 V

2 X 在付款这一问题上，他们双方有不同的看法。

3 V

STEP 2 1 还有些问题要问。

2 在付款这一问题上，他们双方有不同的看法。

3 黄经理。

종합 연습

1 (1) A　　(2) C

🎧 녹음

(1) A 合同什么时候到期?

B 2021年3月。

(2) A 周经理已经看过了，他有点儿不满意。

B 有什么问题吗?

A 他不满意他们公司设计的包装。

2 (1) B　　(2) B

🎧 녹음

(1) A 合同什么时候到期?

B 2021年3月。

A 还有需要修改的地方吗?

B 没有了。

질문) 合同需要修改的地方吗?

(2) A 谢经理，这份文件是CTI公司送来的合同。

B 放在桌子上吧，我一会儿看。再复印一份，给周经理送去。

A 周经理已经看过了，他有点儿不满意。

질문) 谁对合同有点儿不满意?

3 问题，提高，检查，修改，可以

4 (1) 如果需要还可以做些修改。

(2) 在付款这一问题上，我们双方有不同的看法。

(3) 我们希望这次谈判将是签订合同前的最后一次谈判。

＊ Unit 15 ＊

회화 연습

STEP 1 1 送你们回去。－ 不用了，请留步。

2 多联系。－ 我会再联系您的。

3 请收下这份礼物。－ 谢谢，真漂亮。

STEP 3 1 祝前程似锦。/兄弟以后发达了别忘了我。

2 今天辛苦了。明天见。

단문 연습

STEP 1 1 V

2 X CTI公司希望不久的将来有机会与他们再次见面。

3 X 他在聚会上祝各位身体健康、生活愉快、事业成功。

STEP 2 1 CTI公司举办的聚会。

2 一个多月。

3 经理也来了 。

종합 연습

1 (1) B　　(2) A

🎧 녹음

(1) A 我送你们回去。

B 不用了，请留步。

(2) A 请收下这份礼物。

B 谢谢，真漂亮。

2 (1) A　　(2) A

🎧 녹음

(1) A 关先生，很高兴认识您。
　　B 我也是，希望您在北京过得愉快。
　　A 当然，多联系。
　　질문) 现在他们在哪儿?
(2) A 方小姐，谢谢您的帮助。
　　B 我很愿意当您的导游，希望你在北京
　　　过得愉快。
　　A 什么时候来东京，记得给我打电话。
　　질문) 现在他们在哪儿?

3 希望，愉快，联系，合作，下次

4 (1) 希望不久的将来有机会与您再次见面。
(2) 我们的发展离不开您的支持。
(3) 在这里祝各位身体健康。

본문 단어 색인

본문 단어 색인

年龄	niánlíng	158(13과)
努力	nǔlì	74(6과)

P

平方米	píngfāngmǐ	58(5과)

Q

其实	qíshí	134(11과)
其中	qízhōng	71(6과)
企业	qǐyè	46(4과)
签订	qiāndìng	170(14과)
签证	qiānzhèng	23(2과)
全部	quánbù	23(2과)
缺	quē	23(2과)

R

让	ràng	10(1과)
任务	rènwu	71(6과)
认真	rènzhēn	94(8과)
日期	rìqī	35(3과)

S

商量	shāngliang	11(1과)
上网	shàngwǎng	23(2과)
设计	shèjì	10(1과)
设立	shèlì	50(4과)
时刻	shíkè	74(6과)
使用	shǐyòng	143(12과)
适合	shìhé	46(4과)
世界	shìjiè	47(4과)

事业	shìyè	182(15과)
收入	shōurù	146(12과)
瘦	shòu	119(10과)
数字	shùzì	155(13과)
双	shuāng	119(10과)
双方	shuāngfāng	170(14과)
水平	shuǐpíng	47(4과)
税	shuì	23(2과)
说明	shuōmíng	82(7과)
岁	suì	155(13과)

T

它	tā	70(6과)
台	tái	122(10과)
讨论	tǎolùn	71(6과)
套	tào	119(10과)
提高	tígāo	167(14과)
条件	tiáojiàn	107(9과)
通过	tōngguò	26(2과), 38(3과)
推出	tuīchū	74(6과)
退	tuì	118(10과)

W

网络	wǎngluò	38(3과)
网站	wǎngzhàn	119(10과)
为	wèi	106(9과)

X

相信	xiāngxìn	59(5과)
小心	xiǎoxīn	14(1과)

중국어뱅크

똑똑한 중국어 말하기 훈련 프로그램

스마트 스피킹 중국어

张洁 저 **김현철·박응석** 편역

4

워크북

동양북스

중국어뱅크

똑똑한 중국어 말하기 훈련 프로그램

스마트 스피킹 중국어

张洁 저 **김현철·박응석** 편역

4

워크북

동양북스

STEP 1 간체자 쓰기

设计 shèjì 명동 디자인(하다)	设 设 设 设 设 设 / 计 计 计 计		
	设计 shèjì	设计 shèjì	

商量 shāngliang 동 상의하다	商 商 商 商 商 商 商 商 商 商 商 / 量 量 量 量 量 量 量 昌 昌 量 量 量		
	商量 shāngliang	商量 shāngliang	

变化 biànhuà 명동 변화(하다)	变 变 变 变 变 变 变 变 / 化 化 化 化		
	变化 biànhuà	变化 biànhuà	

STEP 2 들으면서 따라 쓰기

🎧 W01-01

회화

A 我是广告部小文，是小高吗？

B 小文，你好。设计出什么问题了吗？

A 不是。打印机让我们用坏了。能不能借你们的用一下？

B 可以，你下来拿吧。

A 好，那我马上下去。谢谢你！

B 不客气。

A 喂，是小钱吗？我是产品部温小月。

B 是我。您有什么事儿？

A 我想订一辆商务车，周五下午用。

B 不好意思，商务车已经被别人订了。换别的车可以吗？

A 也行。反正我们就三个人。那你帮我安排一个四人座的吧。

B 好了，星期五下午，四人座的车。

A 高先生，不好意思，我迟到了。

  出发的时候才知道车叫别人开走了。

B 没关系。我也才到。

A 这是我们新的广告设计，给您。

  有黄色标志的部分是想和您商量的地方。

B 好，有红色标志的部分呢？

A 那些是有变化的，和上周的文件不一样的地方。

B 好的，变化挺大的，我得好好看看。

 W01-02

 단문

　　我今天过得不太好。上午开完会之后帮经理找简历找了好久，那个简历很重要，但是不小心被经理拿到会议室去了，差一点儿叫别人拿走。下午去给高先生送文件，出发的时候才知道车被别人开走了，就迟到了。不但工作上出问题，而且身体还非常不舒服。快下班的时候，我觉得自己有点儿发烧。这件事儿让经理知道了，他开车带我到医院看了医生。

🎧 W01-03

회화

A

> 🔊Hint Wǒ shì guǎnggàobù Xiǎo Wén, shì Xiǎo Gāo ma?

B

> Xiǎo Wén, nǐ hǎo. Shèjì chū shénme wèntí le ma?

A

> Bú shì. Dǎyìnjī ràng wǒmen yònghuài le. Néng bu néng jiè nǐmen de yòng yíxià?

B

> Kěyǐ, nǐ xiàlai ná ba.

A

> Hǎo, nà wǒ mǎshàng xiàqu. Xièxie nǐ!

B

> Bú kèqì.

A

> 🔊Hint Wéi, shì Xiǎo Qián ma? Wǒ shì chǎnpǐnbù Wēn Xiǎoyuè.

B

> Shì wǒ. Nín yǒu shénme shìr?

A

> Wǒ xiǎng dìng yí liàng shāngwù chē, zhōuwǔ xiàwǔ yòng.

B

> Bù hǎoyìsi, shāngwù chē yǐjīng bèi biérén dìng le. Huàn bié de chē kěyǐ ma?

A

> Yě xíng. Fǎnzhèng wǒmen jiù sān ge rén. Nà nǐ bāng wǒ ānpái yí ge sì rén zuò de ba.

B

> Hǎo le, xīngqīwǔ xiàwǔ, sì rén zuò de chē.

A

> 🔊Hint 미스터 까오, 늦게 도착해 죄송합니다. 다른 사람이 차를 갖고 나간 걸 출발할 때야 알았습니다.

B
___

A
괜찮습니다. 저도 막 도착했어요.

B
이게 저희의 새 광고 디자인입니다. 여기요. 노란색으로 표시된 부분이 당신과 상의를 하고 싶은 부분입니다.

A
네, 빨간색 표시된 부분이 있네요?

B
그것들은 수정해서 저번과 달라진 부분들입니다

네. 변화가 크네요. 제가 잘 살펴보겠습니다.

STEP 4 ▸ 빈칸 채우기

단문

		我	今	天		不	太	好	。	上	午	开	完	会					
之	后	帮	经	理	找		找	了	好	久	，	那	个	简					
历	很		，	但	是	不	小	心		别	人	拿	走	。	下				
议	室	去	了	，	差	一	点	儿		出	发	的	时	候	才				
午	去	给	高	先	生	送	文	件	，		开	走	了	，	就	迟	到	了	。
知	道	车	被		工	作	上	出	问	题	，		身	体	还	非	常	不	
舒	服	。	快	下	班	的	时	候	，	我	觉	得	自	己	有				
点	儿	发	烧	。	这	件	事	儿		经	理	知	道	了	，				
他	开	车	带	我	到	医	院	看	了	医	生	。							

Hint　나는 오늘 잘 지내지 못했다. 오전에 회의가 끝나고 사장님을 도와 이력서를 한참 찾았다. 그 이력서는 정말 중요한 건데 사장님이 회의실로 잘못 가져가셔서 하마터면 다른 사람이 가져갈 뻔했다. 오후에는 미스터 까오에게 파일을 주러 가는데 출발할 때가 되어서야 차를 다른 사람이 몰고 나간 걸 알아 지각했다. 일에 문제가 생겼을 뿐 아니라 컨디션도 굉장히 안 좋았다. 퇴근할 즈음에는 열이 좀 나는 것 같았다. 사장님이 눈치채고 진료받도록 병원에 차로 데려다 주셨다.

	账 账 账 账 账 账 账 账 / 号 号 号 号 号	
账号 zhànghào 몡 계좌 번호	账号 zhànghào	账号 zhànghào

	签 签 签 签 签 签 签 签 签 签 签 签 / 证 证 证 证 证 证 证	
签证 qiānzhèng 몡 비자	签证 qiānzhèng	签证 qiānzhèng

	预 预 预 预 预 预 预 预 预 预 / 约 约 约 约 约 约	
预约 yùyuē 동 예약하다	预约 yùyuē	预约 yùyuē

🎧 W02-01

회화

A 先生，您的手续已经办理好了。

B 什么时候可以收到信用卡呢？

A 您可打电话问一下，电话是 400-66-95566。

　 您还要办别的吗？

B 对，别人要给我打钱，直接告诉他们账号，就可以了吗？

A 是的，告诉他们您的账号就可以了。

B 好，谢谢。

A 你能不能帮我去给公司交税？

　我一直没时间去，如果过了15号，就不能交了。

B 我没交过，怎么办？

A 没关系，我全部准备好了，放在小钱那儿，什么都不缺。

　你直接去交就可以。

B 好的，我去找她。不清楚的再打电话问你。

A 小文，我打算放假去旅游，想自己办签证，麻烦吗？

B 不麻烦，手续很简单，但是一定要带好需要的东西。

　你上网查一下，每个国家的要求都不太一样。

A 好，我知道了。谢谢！

B 还有，如果是去美国、日本这些国家，要提前预约！

A 可以上网预约吗？

B 可以。你有不清楚的地方可以再问我。

W02-02

단문

　　现在办理签证的手续很简单。可以请旅行社办，也可以自己办，我就喜欢自己办。先上网预约办理时间，再根据要求带着护照、照片什么的过去。办理的时候，先填表，再和签证官面签。如果通过了，再去大使馆办手续就能拿到签证了。不同国家办签证的时间是不一样的，有的国家长，有的国家短，一般十五个工作日可以办好。不同国家签证的费用也是不一样的，有的国家免费，有的国家就比较贵。

🎧 W02-03

회화

A

> Hint   Xiānsheng, nín de shǒuxù yǐjīng bànlǐ hǎo le.

B

> Shénme shíhou kěyǐ shōudào xìnyòngkǎ ne?

A

> Nín kě dǎ diànhuà wèn yíxià, diànhuà shì sì líng líng liù liù jiǔ wǔ wǔ liù liù.
> Nín hái yào bàn bié de ma?

B

> Duì, biérén yào gěi wǒ dǎ qián, zhíjiē gàosu tāmen zhànghào, jiù kěyǐ le ma?

A

> Shì de, gàosu tāmen nín de zhànghào jiù kěyǐ le.

B

> Hǎo, xièxie.

A

> Hint   Nǐ néng bu néng bāng wǒ qù gěi gōngsī jiāo shuì?

> Wǒ yìzhí méi shíjiān qù, rúguǒ guòle shíwǔ hào, jiù bù néng jiāo le.

B

> Wǒ méi jiāoguo, zěnme bàn?

A

> Méi guānxi, wǒ quánbù zhǔnbèi hǎo le, fàngzài Xiǎo Qián nàr, shénme dōu bù quē.
> Nǐ zhíjiē qù jiāo jiù kěyǐ.

B

> Hǎo de, wǒ qù zhǎo tā. Bù qīngchu de zài dǎ diànhuà wèn nǐ.

A

> Hint   샤오원, 제가 휴가 때 여행을 갈 계획인데 혼자 비자를 발급받는 게 번거롭나요?

B

> 그렇지 않아요. 절차가 간단해요. 그런데 필요한 것들을 반드시 가져가야 해요.

A　인터넷에서 한번 검색해 보세요. 나라마다 요구가 조금 달라서요.

B　네, 알겠습니다. 감사합니다!

A　그리고 만약 미국이나 일본 같은 이런 나라들은 미리 예약하셔야 해요!

B　인터넷으로 예약이 되나요?

네. 잘 모르는 부분이 있으면 다시 저에게 물어보세요.

STEP 4 빈칸 채우기

단문

		现	在	办	理			的	手	续	很			。	可
以		旅	行	社		,	也	可	以			办	,	我	就
喜	欢	自	己	办	。	先	上	网			办	理	时	间	,
再			要	求	带	着	护	照	、	照	片	什	么	的	过
去	。	办	理	的	时	候	,	先	填	表		再	和	签	证
官	面	签	。	如	果			了	,	再	去	大	使	馆	办
		就	能	拿	到	签	证	了	。	不	同	国	家	办	签
证	的	时	间	是			的	,	有	的	国	家	长	,	以
有	的	国	家	短	,		十	五	个	工	作	日	可	以	一
办	好	。	不	同	国	家	签	证	的	费	用		也	是	不	就	比
样	的	,	有	的	国	家			,	有	的	国	家	就	比
较	贵	。													

> **Hint** 지금은 비자 발급 절차가 간단하다. 여행사를 통해서 해도 되고, 자기가 처리해도 되는데 나는 직접 하는 것을 좋아한다. 먼저 인터넷에서 시간을 예약하고 요구에 따라 여권이나 사진 등을 가지고 간다. 수속할 때는 우선 표를 작성하고 비자 면접관과 인터뷰를 하면 된다. 만약 통과하면 대사관에 가서 수속을 하고 비자를 받게 된다. 나라마다 비자 발급 시간은 다르다. 어떤 국가는 길고, 어떤 국가는 짧다. 일반적으로 근무일 기준 15일 정도면 처리된다. 나라마다 비자 발급에 드는 비용도 다른데 어떤 나라는 무료이고 어떤 나라는 비교적 비싸다.

STEP 1 간체자 쓰기

交通 jiāotōng 명 교통	交文交交交交交 / 通通通通通通通通通通			
	交通 jiāotōng	交通 jiāotōng		

标准 biāozhǔn 명 표준, 기준	标标标标标标标标标 / 准准准准准准准准准准			
	标准 biāozhǔn	标准 biāozhǔn		

举办 jǔbàn 동 거행하다, 개최하다	举举举举举举举举举 / 办办办办办			
	举办 jǔbàn	举办 jǔbàn		

STEP 2 들으면서 따라 쓰기

🎧 W03-01

회화

A 喂，您好！北京国际会议中心。请问有什么可以帮您的？

B 您好！我是CTI公司的王兴。明天我需要订一个会议室，大概50个人，从上午8点到下午6点，你们还有空的会议室吗？

A 有，先生。会议室每小时400元，您看行吗？

B 贵了一点儿，能优惠一些吗？

A 对不起，先生，这是最低价了。

B 好，那就订明天吧。

A 行，从上午8点到下午6点，帮您订好了。

A 张经理，会议中心我已经订好了。

B 这么快就订好了。离公司远吗？

A 不远，开车十分钟就到了，交通很方便。

B 不错。中午客人吃饭的问题怎么解决？

A 中午安排了自助餐，是按照每个人100元的标准准备的。

B 可以，另外，开完会后举办的活动也要提前安排好。

A 全部都安排好了。

A 您好！春天酒店，请问有什么可以帮到您？

B 您好！昨天我在你们酒店订了一个标准间，

我把日期说错了，能换吗？

A 能告诉我您的姓名吗？我帮您看一下。

B 我叫周月，订的是2月10号的。请帮我换到2月11号。

A 好的，帮您换好了。

B 谢谢您！

🎧 W03-02

단문

　　我来和你说说怎么安排会议吧。先要了解会议时间、人数，然后通过电话或者网络的方式预约，和会议中心的工作人员谈好时间、价格后，把要求告诉对方，让他们提前安排。在会议开始前一天，要去检查会议室的安排情况。

🎧 W03-03

회화

A

> 🔊Hint Wéi, nín hǎo! Běijīng guójì huìyì zhōngxīn. Qǐngwèn yǒu shénme kěyǐ bāng nín de?

B

Nín hǎo! Wǒ shì CTI gōngsī de Wáng Xìng. Míngtiān wǒ xūyào dìng yí ge huìyìshì, dàgài

wǔshí ge rén, cóng shàngwǔ bā diǎn dào xiàwǔ liù diǎn, nǐmen hái yǒu kōng de huìyìshì ma?

A

Yǒu, xiānsheng. Huìyìshì měi xiǎoshí sìbǎi yuán, nín kàn xíng ma?

B

Guì le yìdiǎnr, néng yōuhuì yìxiē ma?

A

Duìbuqǐ, xiānsheng, zhè shì zuì dījià le.

B

Hǎo, nà jiù dìng míngtiān ba.

A

Xíng, cóng shàngwǔ bā diǎn dào xiàwǔ liù diǎn, bāng nín dìnghǎo le.

A

> 🔊Hint Zhāng jīnglǐ, huìyì zhōngxīn wǒ yǐjīng dìnghǎo le.

B

Zhème kuài jiù dìnghǎo le. Lí gōngsī yuǎn ma?

A

Bù yuǎn, kāichē shí fēnzhōng jiù dào le, jiāotōng hěn fāngbiàn.

B

Búcuò. Zhōngwǔ kèrén chī fàn de wèntí zěnme jiějué?

A

Zhōngwǔ ānpáile zìzhùcān, shì ànzhào měi ge rén yìbǎi yuán de biāozhǔn zhǔnbèi de.

B

Kěyǐ, lìngwài, kāiwán huì hòu jǔbàn de huódòng yě yào tíqián ānpái hǎo.

A

Quánbù dōu ānpái hǎo le.

A

Hint 안녕하세요! 춘톈 호텔입니다. 무엇을 도와 드릴까요?

B

안녕하세요! 어제 호텔 스탠다드룸을 하나 예약했는데요. 제가 날짜를 잘못 말했는데 바꿀 수 있나요?

A

이름을 말씀해 주시겠어요? 제가 한번 보겠습니다.

B

저는 저우위에라고 합니다. 예약은 2월 10일로 했는데 2월 11일로 바꿔 주세요.

A

네, 바꿔 드렸습니다.

B

감사합니다.

STEP 4 빈칸 채우기

단문

		我	来	和	你	说	说	怎	么			会	议	吧	。
	要	了	解	会	议	时	间	、	人	数	,			通	过
电	话	或	者	网	络	的	方	式	预	约	,		会	议	中
心	的	工	作	人	员	谈	好	时	间	、	价	格	后	,	把
		告	诉	对	方	,		他	们			安	排	。	在
会	议	开	始	前	一	天	,	要	去			会	议	室	的
安	排	情	况	。											

Hint 제가 회의를 어떻게 준비하는지 말씀 드리려 합니다. 우선 회의 시간, 인원수를 안 다음 전화 또는 인터넷으로 예약을 합니다. 회의 센터의 직원과 시간 및 가격에 대해 이야기한 후 요구 사항을 전하고 그들이 미리 준비할 수 있도록 해야 합니다. 회의 시작 하루 전에는 회의실의 상황을 체크하러 가야 합니다.

STEP 1 간체자 쓰기

导游
dǎoyóu
명 관광 안내원, 가이드

导 导 导 导 导 导 / 游 游 游 游 游 游 游 游 游 游 游 游

导游	导游		
dǎoyóu	dǎoyóu		

发展
fāzhǎn
동 발전하다

发 失 发 发 发 / 展 展 展 展 展 展 展 展 展 展

发展	发展		
fāzhǎn	fāzhǎn		

广告
guǎnggào
명 광고

广 广 广 / 告 告 告 告 告 告 告

广告	广告		
guǎnggào	guǎnggào		

STEP 2 들으면서 따라 쓰기

🎧 W04-01

회화

A 小李，你的第一份工作怎么样？还满意吗？

B 挺满意的，我们公司很关心新员工。

A 那就好。我也在北京找到了适合自己的工作。

B 我听说了，你毕业后去了一家大企业。

A 对，是一家国际旅行社，我是个导游。

B 我也是，没想到我们的工作也一样！

A 李总，好久不见，总听王经理说你们公司最近发展得很不错。

B 没有你们公司好呢！

你们公司现在已经是世界第三大旅行社了。

A 你们发展得也很快，今年已经买了第三条船了。

B 哪里哪里，下次有机会我们一起合作吧！

A 没问题，我们总会有机会合作的。

A 我很高兴能有这次机会访问贵公司。

B CTI公司的谢经理向我们介绍了贵公司。

这次请您来，也是想请您多了解一下。

A 我敢说，这是您做出的最正确的决定。

B 我们公司的主要业务是广告，有多年经验，是一家世界
知名的企业，这些您可能都已经了解了。

A 我看过贵公司制作的广告。总的来说，我对你们公司的
业务水平很满意。

B 太好了，希望能与贵公司建立业务关系。

W04-02

단문

　　我是个敢想敢做的人，所以毕业后，我找了一份产品设计的工作。我们公司是一家大企业，总公司在北京，一共有一万多名员工。我们公司发展很快，几年时间，就在世界上多个国家都设立了分公司。公司的工厂很大，生产的产品很受人们欢迎，主要原因是企业的员工对工作很负责，他们关心企业的发展，设计的产品也能满足人们的要求。

W04-03

회화

A

Hint Xiǎo Lǐ, nǐ de dì yī fèn gōngzuò zěnmeyàng? Hái mǎnyì ma?

B

Tǐng mǎnyì de, wǒmen gōngsī hěn guānxīn xīn yuángōng.

A

Nà jiù hǎo. Wǒ yě zài Běijīng zhǎodàole shìhé zìjǐ de gōngzuò.

B

Wǒ tīngshuō le, nǐ bìyè hòu qùle yì jiā dà qǐyè.

A

Duì, shì yì jiā guójì lǚxíngshè, wǒ shì ge dǎoyóu.

B

Wǒ yě shì, méi xiǎngdào wǒmen de gōngzuò yě yíyàng!

A

Hint Lǐ zǒng, hǎojiǔ bú jiàn, zǒng tīng Wáng jīnglǐ shuō nǐmen gōngsī zuìjìn fāzhǎn de hěn búcuò.

B

Méiyǒu nǐmen gōngsī hǎo ne! Nǐmen gōngsī xiànzài yǐjīng shì shìjiè dì sān dà lǚxíngshè le.

A

Nǐmen fāzhǎn de yě hěn kuài, jīnnián yǐjīng mǎile dì sān tiáo chuán le.

B

Nǎlǐ nǎlǐ, xià cì yǒu jīhuì wǒmen yìqǐ hézuò ba!

A

Méi wèntí, wǒmen zǒng huì yǒu jīhuì hézuò de.

A

Hint 이번 기회에 귀사를 방문할 수 있어서 정말 기쁩니다.

B

CTI 회사의 씨에 사장님이 우리에게 귀사를 소개해 주셨어요. 이번에 모신 것은 저희에 대해 알려 드렸으면 해요.

A

가장 정확한 결정을 내리신 것이라고 감히 말씀 드릴 수 있습니다.

B

우리 회사의 주요 업무는 광고입니다. 다년간 경험을 가진 세계 유명 기업이고요.

A

이런 것들에 대해서는 이미 알고 계실 것 같네요.

B

귀사가 제작한 광고를 봤습니다. 전반적으로 귀사의 업무 수준에 만족하고 있습니다.

잘됐습니다. 귀사와 업무 관계를 맺을 수 있기를 바랍니다.

STEP 4 빈칸 채우기

단문

		我	是	个				的	人	，	所	以	毕	业
后	，	我	找	了	一	份	产	品		的	工	作	。	我
们	公	司	是	一	家		，			在	北	京	，	
一	共	有	一	万	多	名	员	工	。	我	们	公	司	发	展
很	快	，	几	年	时	间	，	就	在	世	界	上	多	个	国
家	都			了		。	公	司	的	工	厂	很	大	，
生	产	的	产	品	很		人	们		，	主	要	原	因
是	企	业	的	员	工		工	作	很		，	他	们	关
心	企	业	的	发	展	，	设	计	的	产	品	也	能	
人	们	的		。										

Hint 나는 대담하게 생각하고 과감하게 행동하는 사람이다. 그래서 졸업 후에 상품 디자인 일을 찾았다. 우리 회사는 대기업으로 본사는 베이징에 있고 만여 명의 직원이 있다. 우리 회사는 성장이 빨라서 몇 년 만에 세계 여러 국가에 지점을 설립했다. 회사의 공장이 크고, 생산된 제품은 사람들에게 인기가 있다. 주요 원인은 회사 직원들이 책임감 있게 일하고 회사의 발전에 관심이 있으며 디자인한 상품 역시 사람들의 요구를 충족시키기 때문이다.

Unit 05

STEP 1 간체자 쓰기

参观 cānguān ⑧ 참관하다, 견학하다	参 卒 卒 失 失 失 参 参 / 刀 见 观 观 观 观			
	参观 cānguān	参观 cānguān		

合作 hézuò ⑧ 합작하다, 협력하다	合 合 合 合 合 合 / 作 作 作 作 作 作 作			
	合作 hézuò	合作 hézuò		

订货 dìnghuò ⑧ 물품을 주문하다	订 订 订 订 / 货 货 货 货 货 货 货 货			
	订货 dìnghuò	订货 dìnghuò		

STEP 2 들으면서 따라 쓰기

 W05-01

회화

A 王经理，您好，欢迎您来我们工厂！

B 您好，很高兴能到贵厂参观。

A 我叫李惠，是厂长的秘书。今天我来带你们参观。

B 谢谢。工厂是什么时候开始生产的？

A 1990年，有30年了。那时，我们的工厂很小，
　　现在大概八万五千平方米。

B 比我想的要大得多。

A 您这边请。如果您有问题，可以问我。

A　这里是我们的生产车间。

B　真干净，你们怎么检查产品质量呢？

A　我们工厂有质检员，他们负责检查质量。
　　所有的产品都必须经过五次检查。

B　质量是关键。

A　您说得对，我们每年在质量管理上的花费是最大的。

A　王经理，这就是我们的工厂，您满意吗？

B　非常满意。我很相信贵公司的生产水平。

A　谢谢，希望贵公司可以和我们合作。

B　我希望我们公司自己设计，由贵公司来生产。

A　可以的，我们经常和其他公司这样合作。

B　如果我现在订货，最早什么时候交货？

A　那主要由订单的大小和货物决定。我们先回会议室谈谈吧。

🎧 W05-02

단문

　　今天，我去参观了一家工厂。这个工厂挺大的，大概有八万五千平方米，包括设计部和生产部。他们有20位自己的设计员。他们不但生产公司自己的设计产品，也和其他公司合作生产。我看了他们的设计，觉得很好。这家工厂对质量要求高，他们的工厂很干净，有质检员，所有产品必须经过五次检查。我和他们谈了一下交货时间的问题，我们订的货物他们可以在2021年4月前交货。

🎧 W05-03

회화

A

Hint Wáng jīnglǐ, nín hǎo, huānyíng nín lái wǒmen gōngchǎng!

B

Nín hǎo, hěn gāoxìng néng dào guì chǎng cānguān.

A

Wǒ jiào Lǐ Huì, shì chǎngzhǎng de mìshū. Jīntiān wǒ lái dài nǐmen cānguān.

B

Xièxie. Gōngchǎng shì shénme shíhou kāishǐ shēngchǎn de?

A

Yī jiǔ jiǔ líng nián, yǒu sānshí nián le. Nà shí, wǒmen de gōngchǎng hěn xiǎo,

xiànzài dàgài bāwàn wǔqiān píngfāngmǐ.

B

Bǐ wǒ xiǎng de yào dà de duō.

A

Nín zhèbian qǐng. Rúguǒ nín yǒu wèntí, kěyǐ wèn wǒ.

A

Hint Zhèlǐ shì wǒmen de shēngchǎn chējiān.

B

Zhēn gānjìng, Nǐmen zěnme jiǎnchá chǎnpǐn zhìliàng ne?

A

Wǒmen gōngchǎng yǒu zhìjiǎnyuán, tāmen fùzé jiǎnchá zhìliàng.

Suǒyǒu de chǎnpǐn dōu bìxū jīngguò wǔ cì jiǎnchá.

B

Zhìliàng shì guānjiàn.

A

Nín shuō de duì, wǒmen měi nián zài zhìliàng guǎnlǐ shang de huāfèi shì zuì dà de.

A

Hint 왕 사장님, 여기가 바로 우리 공장입니다. 괜찮은가요?

B

굉장히 좋네요. 저는 귀사의 생산 수준을 믿습니다.

A	
B	감사합니다. 귀사가 우리와 같이 일하기를 바랍니다.
A	우리 회사가 직접 디자인하고, 귀사가 생산을 하면 좋겠습니다.
B	가능합니다. 우리는 다른 회사와 자주 그런 식으로 협업을 합니다.
A	만약 우리가 지금 주문하면 가장 빠르면 언제 납품하실 수 있나요?
	그건 주문량과 상품에 따라 다릅니다. 우선 회의실로 돌아가서 이야기하시죠.

STEP 4 빈칸 채우기

단문

		今	天	，	我	去		了	一	家		。	这
个	工	厂	挺	大	的	，		有	八	万	五	千	平	方
米	，		设	计	部	和	生	产	部	。	他	们	有	20
位	自	己	的	设	计	员	。	他	们		生	产	公	司
自	己	的	设	计	产	品	，		和		公	司	合	作
生	产	。	我	看	了	他	们	的	设	计	，	觉	得	很	好。
这	家	工	厂	对	质	量		高	，	他	们	的	工	厂
很	干	净	，	有	质	检	员	，	所	有	产	品	必	须
	五	次		。	我	和	他	们	谈	了	一	下	交	货
时	间	的	问	题	，	我	们	订	的		他	们	可	以
在	20	21	年	4	月	前		。						

Hint 오늘 나는 한 공장을 참관했다. 공장은 정말 컸다. 대략 8만 5천 평방미터에 디자인팀과 생산팀을 가지고 있었다. 그들에게는 20명의 자체 디자이너가 있다. 그들은 회사 자체 디자인 상품을 생산할 뿐만 아니라 다른 회사와 협업하여 생산하기도 한다. 나는 그들의 디자인을 보았는데 정말 좋다고 느꼈다. 이 공장은 품질에 대한 요구가 높다. 공장은 매우 깨끗했고 품질 관리 기사가 있어서 모든 상품은 반드시 5번의 검사를 거친다. 나는 그들과 납품 시기 문제에 대해 이야기했고 우리가 주문한 상품은 2021년 4월 전에 인도하기로 했다.

STEP 1 간체자 쓰기

兴趣 xìngqù 몡 흥미	兴 兴 兴 兴 兴 兴 / 趣 趣 趣 趣 趣 趣 走 走 趣 趣 趣 趣 趣 趣			
	兴趣 xìngqù	兴趣 xìngqù		

增长 zēngzhǎng 동 늘어나다	增 增 增 增 增 增 增 增 增 增 增 增 增 增 / 长 长 长 长			
	增长 zēngzhǎng	增长 zēngzhǎng		

讨论 tǎolùn 동 토론하다	讨 讨 讨 讨 讨 / 论 论 论 论 论 论			
	讨论 tǎolùn	讨论 tǎolùn		

STEP 2 들으면서 따라 쓰기

🎧 W06-01

회화

A 您好，请问您对什么产品感兴趣？我可以给您介绍一下。

B 谢谢，我先看看。

A 好的，您现在看到的是我们在市场上销售得最好的产品。

B 为什么销售得这么好呢？

A 因为它质量好，价格便宜。

A 您好，请问这是你们销售得最好的手机吗？

B 是的，就是这个。

A 您能给我介绍一下吗？

B 好的，没问题。这种手机适合年轻人用，可以照相，可以听歌。您可以试试。

A 这个手机现在多少钱？

B 现在没有货。您可以留下您的电话。
一有货我们就打电话通知您。

A 周经理，我来向您报告上个月产品的销售情况。

B 好的，你说吧。

A 由于放假，上个月我们不但完成了销售计划，而且总销量也增长了不少。其中北京公司就完成了一百万件衬衣的销售任务。

B 其他城市的销售情况怎么样呢？

A 其他城市的销售遇到了困难，包括新产品的销售，都很困难。

B 我们必须想个办法来改变这种情况。
等一下开个会，我们好好讨论一下这个问题。

🎧 W06-02

　　这个月公司推出了一个新产品。由于我们不了解市场，刚开始新产品的销售遇到了困难。在这关键的时刻，经过努力，我们找到了正确的销售方向。新产品质量好，价格便宜，现在在市场上销售情况有了改变，销售得很好。我时刻提醒自己，公司的发展离不开每一个员工的努力。所以公司决定周末举行一个茶会，希望大家都能参加。

🎧 W06-03

회화

A

> **Hint** Nín hǎo, qǐngwèn nín duì shénme chǎnpǐn gǎn xìngqù? Wǒ kěyǐ gěi nín jièshào yíxià.

B

Xièxie, wǒ xiān kànkan.

A

Hǎo de, nín xiànzài kàndào de shì wǒmen zài shìchǎng shang xiāoshòu de zuì hǎo de chǎnpǐn.

B

Wèi shénme xiāoshòu de zhème hǎo ne?

A

Yīnwèi tā zhìliàng hǎo, jiàgé piányi.

A

> **Hint** Nín hǎo, qǐngwèn zhè shì nǐmen xiāoshòu de zuì hǎo de shǒujī ma?

B

Shì de, jiùshì zhège.

A

Nín néng gěi wǒ jièshào yíxià ma?

B

Hǎo de, méi wèntí. Zhè zhǒng shǒujī shìhé niánqīngrén yòng,

kěyǐ zhàoxiàng, kěyǐ tīng gē. Nín kěyǐ shìshi.

A

Zhège shǒujī xiànzài duōshao qián?

B

Xiànzài méiyǒu huò. Nín kěyǐ liúxià nín de diànhuà. Yì yǒu huò wǒmen jiù dǎ diànhuà tōngzhī nín.

A

> **Hint** 저우 사장님, 지난달 제품 판매 현황을 보고하겠습니다.

B

A

네, 말씀하세요.

휴가 기간이라 지난달 우리는 판매 계획을 달성했을 뿐 아니라 전체 판매량 역시 많이 증가했습니다.

B

그중 베이징 지점은 와이셔츠 100만 벌 판매를 달성했고요.

A

다른 도시의 판매 상황은 어떤가요?

B

다른 도시의 판매는 어려움이 있습니다. 신상품의 판매를 포함해 모두 어려워요.

이 상황을 해결할 방법을 생각해야겠네요. 잠시 후 회의가 열리면 이 문제에 대해서 잘 상의해 보죠.

STEP 4 ▶ 빈칸 채우기

단문

		这	个	月	公	司			了	一	个	新	产	品	。
		我	们	不	了	解	市	场	，		刚	开	始	新	产 品
的	销	售		了		。	在	这		的					
经	过	努	力	，	我	们	找	到	了		的	销	售	方	
向	。	新	产	品	质	量	好	，	价	格	便	宜	，	现	在
在	市	场	上	销	售	情	况		了	，		销	售	得	
很	好	。	我		提	醒	自	己	，	公	司	的	发	展	
		每	一	个	员	工	的	努	力	。	所	以	公	司	
决	定	周	末		一	个		，	希	望	大	家	都		
能			。												

Hint 이번 달 회사에서 신상품을 출시했다. 시장에 대한 이해가 없어서 처음에는 신상품 판매에 어려움이 있었다. 이 중요한 시기에 노력으로 정확한 판매 방향을 찾았다. 신상품은 품질이 좋고 가격이 싸서 지금 시장에서 판매 상황에 변화가 생겨서 잘 팔리고 있다. 나는 항상 회사의 발전은 매 직원의 노력과 무관하지 않음을 상기한다. 그래서 회사는 주말에 다과회를 열기로 결정했다. 모두가 참가할 수 있기를 바란다.

간체자 쓰기

说明 shuōmíng ⑧ 설명하다	说说说说说说说说说 / 明明明明明明明明			
	说明 shuōmíng	说明 shuōmíng		

支付 zhīfù ⑧ 지불하다, 지급하다	支支支支 / 付付付付付			
	支付 zhīfù	支付 zhīfù		

结束 jiéshù ⑧ 끝나다	结结结结结结结结结 / 束束束束束束束			
	结束 jiéshù	结束 jiéshù		

들으면서 따라 쓰기

🎧 W07-01

회화

A 早上好，马先生，昨天休息得好吗？

B 是的，谢谢。

A 今天天气不错。前几天一直下雨，你们一来天气就变好了。

B 真的吗？那太好了。

　　这说明我们这次的谈判会很愉快。

A 差不多九点了，我们开始吧。

A 王经理，休息了差不多十分钟，我们接着谈吗？

B 没问题，马经理，到下一个部分吧。

A 好，最困难的价格已经谈好了。
下面我们应该谈怎么支付了。

B 是的，价格谈好了，其他问题就好解决了。

A 对，那我们开始吧。

A 只有最后一个问题没解决了，时间过得真快呀。

B 是的，很高兴能有机会和您合作。

A 明天能请您去参观一下我们的工厂吗？

B 可以，我一直想去访问贵公司的生产部门。

A 那说定了，我明天带您去参观工厂。

B 好，我们开始讨论吧。

 W07-02

 단문

　　在谈判开始前，我们先欢迎马先生的到来。上周我们进行的第一次谈判是很好的开始，但我们的讨论还没有结束，因为大家在价格问题上还有不同的意见，所以这次谈判主要就是讨论价格问题。为了这次谈判，我们做了很多准备，对市场进行了调查。先请马先生根据调查谈谈他的看法。那么，我们开始吧。

🎧 W07-03

회화

A

🔵Hint Zǎoshang hǎo, Mǎ xiānsheng, zuótiān xiūxi de hǎo ma?

B

Shì de, xièxie.

A

Jīntiān tiānqì búcuò. Qián jǐ tiān yìzhí xià yǔ, nǐmen yì lái tiānqì jiù biànhǎo le.

B

Zhēn de ma? Nà tài hǎo le.

Zhè shuōmíng wǒmen zhè cì de tánpàn huì hěn yúkuài.

A

Chàbuduō jiǔ diǎn le, wǒmen kāishǐ ba.

A

🔵Hint Wáng jīnglǐ, xiūxile chàbuduō shí fēnzhōng, wǒmen jiēzhe tán ma?

B

Méi wèntí, Mǎ jīnglǐ, dào xià yí ge bùfen ba.

A

Hǎo, zuì kùnnan de jiàgé yǐjīng tánhǎo le.

Xiàmiàn wǒmen yīnggāi tán zěnme zhīfù le.

B

Shì de, jiàgé tánhǎo le, qítā wèntí jiù hǎo jiějué le.

A

Duì, nà wǒmen kāishǐ ba.

A

🔵Hint 마지막 문제만 해결 안 되었네요. 시간이 정말 빠르게 갑니다.

B

A

네, 당신과 협력을 할 수 있어서 기뻐요.

B

내일 우리 공장에 참관하러 한번 가실 수 있을까요?

A

그럼요, 저는 줄곧 귀사의 생산 부서를 방문하고 싶었어요.

B

그럼 내일 제가 모시고 공장을 참관하기로 결정한 겁니다.

좋습니다. 그럼 논의 시작하시죠.

STEP 4 빈칸 채우기

단문

		在		开	始	前	，	我	们	先	欢	迎	马	先
生	的			。	上	周	我	们			的	第	一	次
	是	很	好	的	开	始	，	但	我	们	的	讨	论	还	没
有		，	因	为	大	家		价	格	问	题		还	有
不	同	的		，	所	以	这	次	谈	判	主	要	就	是
讨	论	价	格	问	题	。		这	次	谈	判	，	我	们
做	了	很	多	准	备	，		市	场		了			。
先		马	先	生		调	查	谈	谈	他	的	看	法	。
那	么	，	我	们	开	始	吧	。					

Hint 협상 시작 전에 우선 미스터 마의 방문을 환영합니다. 지난주 우리는 첫 번째 협상에서 좋은 시작을 했으나 논의는 아직 끝나지 않았습니다. 왜냐하면 모두들 가격 문제에서 서로 다른 의견을 갖고 있기 때문입니다. 그래서 이번 협상은 주로 가격 문제에 대해 논의했습니다. 이번 협상을 위해 우리는 시장 조사를 하는 등 많은 준비를 했습니다. 우선 미스터 마께서 조사에 따른 견해를 말씀하시겠습니다. 그럼 시작하시죠.

STEP 1 간체자 쓰기

顾客 gùkè 명 고객	顾顾顾顾顾顾顾顾顾顾 / 客客客客客客客客客			
	顾客 gùkè	顾客 gùkè		

考虑 kǎolǜ 동 고려하다	考考考考考考 / 虑虑虑虑虑虑虑虑虑虑			
	考虑 kǎolǜ	考虑 kǎolǜ		

发现 fāxiàn 동 발견하다, 나타내다	发发发发发 / 现现现现现现现现			
	发现 fāxiàn	发现 fāxiàn		

STEP 2 들으면서 따라 쓰기

🎧 W08-01

회화

A 王老板，这个方的桌子打折吗？

B 您是我们的老顾客，我们可以给您5%的优惠。

A 还能再便宜吗？

B 如果您真的想买的话，我可以给您一个10%的优惠，
不能再便宜了！

A 谢谢！我再考虑考虑。

B 希望您认真考虑一下！

A 李经理，看完我们公司的产品，您觉得怎么样？

B 产品不错，但是有点儿贵。

A 我们公司的产品质量非常好，这个价格也不贵。

B 您老这么说，我先考虑考虑。

A 您可以在市场上调查一下，我们的产品销售得很好。
希望您能认真考虑一下。

A 李经理，欢迎您来我们公司。我们开始今天的谈判吧。

B 我们在做市场调查时，发现贵公司的产品价格比其他公司高。

A 我想贵公司调查时，应该也知道我们的产品是最有名的，
质量很好。这个价格一点儿也不贵。

B 产品的质量当然是最重要的。
但是这个价格太高了，能不能便宜一点儿？
如果贵公司给我们优惠10%，我们再买1000个。

A 我们考虑了一下，如果贵公司再买1000个，
价格可以优惠10%。

B 好！那我们这次买7000个。

A 谢谢！希望下次贵公司还会再选择我们的产品！

🎧 W08-02

단문

　　马总，这个合作计划我们已经讨论了很多次。您最好再考虑一下。如果贵公司不接受这个计划，我们就只能和其他公司合作了。我方想谈个好一点儿的价钱，也想和贵公司合作，但是价格得低一点儿。这个价格比我们想的要高。请再认真考虑一下价格。我下周再联系您。

W08-03

회화

A

> Hint Wáng lǎobǎn, zhège fāng de zhuōzi dǎzhé ma?

B

Nín shì wǒmen de lǎo gùkè, wǒmen kěyǐ gěi nín bǎi fēn zhī wǔ de yōuhuì.

A

Hái néng zài piányi ma?

B

Rúguǒ nín zhēn de xiǎng mǎi dehuà, wǒ kěyǐ gěi nín yí ge bǎi fēn zhī shí de yōuhuì,

----

bù néng zài piányi le!

A

Xièxie! Wǒ zài kǎolǜ kǎolǜ.

B

Xīwàng nín rènzhēn kǎolǜ yíxià!

A

> Hint Lǐ jīnglǐ, kànwán wǒmen gōngsī de chǎnpǐn, nín juéde zěnmeyàng?

B

Chǎnpǐn búcuò, dànshì yǒudiǎnr guì.

A

Wǒmen gōngsī de chǎnpǐn zhìliàng fēicháng hǎo, zhège jiàgé yě bú guì.

B

Nín lǎo zhème shuō, wǒ xiān kǎolǜ kǎolǜ.

A

Nín kěyǐ zài shìchǎng shang diàochá yíxià, wǒmen de chǎnpǐn xiāoshòu de hěn hǎo.

Xīwàng nín néng rènzhēn kǎolǜ yíxià.

A

> Hint 리 사장님 우리 회사에 오신 것을 환영합니다. 오늘 협상을 시작하시죠.

B

우리가 시장 조사를 할 때 귀사의 상품 가격이 다른 회사보다 비싸다는 걸 발견했습니다.

A

조사를 하실 때 우리 상품이 가장 유명하고 품질이 좋다는 것도 아셨을 겁니다. 이 가격은 조금도 비싼 게 아닙니다.

B

상품의 품질은 당연히 가장 중요합니다. 하지만 이 가격은 너무 높아요. 좀 더 싸게 해 주실 수 있나요?

만약 귀사가 10%를 할인해 주신다면 1000개를 더 사겠습니다.

A

생각해 봤는데 만약 귀사가 1000개를 더 사신다면 가격을 10% 할인할 수 있습니다.

B

좋습니다. 그럼 이번에 7000개를 사겠습니다.

A

감사합니다! 다음번에도 귀사에서 또 우리 상품을 선택해 주시기 바랍니다.

STEP 4 빈칸 채우기

단문

		马	总	，	这	个	合	作		我	们	已	经	
了	很	多	次	。	您		再	考	虑	一	下	。	如	
果	贵	公	司	不		这	个	计	划	，	我	们	就	只
能	和	其	他	公	司		了	。	我	方	想		个	好
一	点	儿	的		，	也	想	和	贵	公	司	合	作	，
但	是	价	格		一	点	儿	。	这	个	价	格		我
们	想	的		。	请	再		考	虑	一	下	价	格	。
我	下	周	再	联	系	您	。							

Hint 마 사장님, 이번 협력안에 대해 우리는 이미 여러 차례 논의를 했습니다. 좀 더 고려해 주시는 것이 좋을 것 같습니다. 만약 귀사가 이 계획을 받아들이지 않으시면 우리는 다른 회사와 협력할 수밖에 없습니다. 저희는 좀 더 좋은 가격을 논의하고 싶습니다. 귀사와 일하고 싶지만 가격이 좀 더 싸야만 합니다. 이 가격은 저희가 생각한 것보다 높습니다. 가격에 대해 다시 한번 진지하게 생각해 주세요. 제가 다음 주에 또 연락 드리겠습니다.

STEP 1 간체자 쓰기

宴会 yànhuì 몡 연회, 파티	宴宴宴宴宴宴宴宴宴宴 / 会会会会会会		
	宴会 yànhuì	宴会 yànhuì	

干杯 gānbēi 동 건배하다	干干干 / 杯杯杯杯杯杯杯杯		
	干杯 gānbēi	干杯 gānbēi	

专家 zhuānjiā 몡 전문가	专专专专 / 家家家家家家家家家家		
	专家 zhuānjiā	专家 zhuānjiā	

STEP 2 들으면서 따라 쓰기

🎧 W09-01

회화

A 黄先生，晚上好，很高兴您能来。请上坐。

B 谢谢您的邀请。

A 马经理马上到，他一直很希望您能参加这次宴会。
　 您想要喝点儿什么？

B 谢谢，来杯茶吧！

A 马总，因为您，这次谈判才会成功。

B 哪里哪里，您太客气了。

A 希望下次还有机会和马总合作。

B 我们先干一杯，希望我们这次合作愉快！

A 抱歉，我开车，喝不了酒，来杯茶吧，
为我们合作成功干杯！

B 干杯！

A 王先生，您是企业安全管理方面的专家。
这次宴会是为了感谢您和贵公司帮我们解决了问题。

B 我们公司的安全管理业务一直都很好，
很多企业都会和我们合作。

A 上次的合作非常愉快。另外，我们希望由贵公司来负责
我们企业的安全管理工作，您觉得怎么样？

B 我们也愿意和贵公司合作。

A 合作条件我们会在另外的时间再和贵公司谈。
今天先为我们上次的合作成功干杯！

B 干杯！

🎧 W09-02

단문

　　大家晚上好！今天邀请各位参加宴会，是为了感谢大家多年来和我们公司的合作。各位都是公司多年的老客户。公司现在发展得很快，产品在市场上销售得非常好，这些年和大家的合作也非常愉快！我们公司的成功离不开各位的帮助，感谢大家！为我们的合作干杯！

🎧 W09-03

회화

A
....

> **Hint** Huáng xiānsheng, wǎnshang hǎo, hěn gāoxìng nín néng lái. Qǐng shàng zuò.

B
....

Xièxie nín de yāoqǐng.

A
....

Mǎ jīnglǐ mǎshàng dào, tā yìzhí hěn xīwàng nín néng cānjiā zhè cì yànhuì.

....

Nín xiǎng yào hē diǎnr shénme?

B
....

Xièxie, lái bēi chá ba!

A
....

> **Hint** Mǎ zǒng, yīnwèi nín, zhè cì tánpàn cái huì chénggōng.

B
....

Nǎlǐ nǎlǐ, nín tài kèqi le.

A
....

Xīwàng xià cì hái yǒu jīhuì hé Mǎ zǒng hézuò.

B
....

Wǒmen xiān gān yì bēi, xīwàng wǒmen zhè cì hézuò yúkuài!

A
....

Bàoqiàn, wǒ kāichē, hē bu liǎo jiǔ, lái bēi chá ba, wèi wǒmen hézuò chénggōng gānbēi!

B
....

Gānbēi!

A
....

> **Hint** 미스터 왕, 당신은 기업 안전 관리 분야의 전문가이십니다.

....

이번 연회는 미스터 왕과 귀 회사에서 우리 문제를 해결해 준 데에 대해 감사하기 위해서입니다.

B

_____

A

우리 회사의 안전 관리 업무는 줄곧 훌륭해서 많은 기업에서 우리와 협력을 합니다.

_____

지난번 협력은 정말 즐거웠습니다.

_____

B

이 밖에도 우리는 귀사에서 우리 회사의 안전 관리 업무를 맡았으면 합니다. 어떠신지요?

_____

A

우리도 귀사와 협력하기 원합니다.

_____

협력 조건은 우리 다른 시간에 다시 귀사와 논의하도록 하지요.

_____

오늘은 우선 지난번 우리의 협력이 성공한 것을 위해 건배합시다!

B

_____

건배!

STEP 4 빈칸 채우기

단문

		大	家	晚	上	好	！	今	天			各	位	参	加
宴	会	，			感	谢	大	家	多	年	来	和	我	们	
公	司	的	合	作	。	各	位	都	是	公	司	多	年	的	
		。	公	司	现	在	发	展	得	很	快	，	产	品	在
市	场	上		得	非	常	好	，	这	些	年	和	大	家	
的	合	作	也	非	常	愉	快	！	我	们	公	司	的	成	功
		各	位	的	帮	助	，	感	谢	大	家	！	为	我	
们	的	合	作		！										

Hint 여러분 좋은 저녁입니다! 오늘 여러분을 연회에 모신 것은 다년간 우리 회사와 협력을 해 주신 것에 감사하기 위해서입니다. 여러분은 모두 회사의 오랜 고객이십니다. 회사가 지금 빠르게 발전하고, 상품은 시장에서 잘 판매되고 있으며, 요 몇 년 여러분과의 협력도 매우 잘 이루어지고 있습니다. 우리 회사의 성공은 여러분의 도움 없이는 불가능했습니다. 여러분 감사합니다! 우리의 협력을 위해 건배!

退货 tuìhuò [동] 반품하다	退退退退退退退退退退 / 货货货货货货货货货				
	退货 tuìhuò	退货 tuìhuò			

发票 fāpiào [명] 영수증	发发发发发 / 票票票票票票票票票票票				
	发票 fāpiào	发票 fāpiào			

双 shuāng [양] 켤레	双双双双			
	双 shuāng	双 shuāng		

🎧 W10-01

회화

A 服务员，我的菜怎么还没上？

B 抱歉，先生，我看一下。

A 如果还不上的话，请给我把这个菜退了。

B 好的，我去看一下，如果五分钟后还没上，我就给您退了。

A 好，我最多再等五分钟。

A 老板，您好！这双鞋穿着不舒服，我要退货。

B 您这双是37号的，要换一双吗？

A 不用了，我想退货。

B 好的，请给我看一下您的发票。

A 给您。是七天包退，一个月包换吧？

B 是的，请等一下，我给您办一下退货的手续。
  您付款时是刷信用卡的吧？

A 是的。

B 三天后钱会退到您的信用卡里，到时候请您查收一下。

A 你好，客服中心。

B 你好，我从你们网站买了一套西装，但是太瘦了。我要退货。

A 请问您的订单号是多少？

B B-0-4-1-3-9-2-5-7-8-6。

A 您的这套西装是七天包退的，我们会安排工作人员免费
  上门取货。取货的地址和订单上的一样吗？

B 是的，大概什么时候来取？

A 因为最近订单很多，可能会需要几天时间。我们的工作
  人员会提前和您联系的。

🎧 W10-02

단문

　　马经理，我公司在2020年5月9号收到了贵公司发
来的1000台电视机。根据合同，如果电视机质量有问
题，我们可以要求退货。我很抱歉地通知您，经过检
查，贵公司生产的电视机没有达到合同中的质量标
准，我公司不得不退货。请您给我回个电话。
　　谢谢。

듣고 받아 쓰기

🎧 W10-03

회화

A

                 Hint Fúwùyuán, wǒ de cài zěnme hái méi shàng?

B

       Bàoqiàn, xiānsheng, wǒ kàn yíxià.

A

       Rúguǒ hái bú shàng dehuà, qǐng gěi wǒ bǎ zhège cài tuì le.

B

       Hǎo de, wǒ qù kàn yíxià, rúguǒ wǔ fēnzhōng hòu hái méi shàng, wǒ jiù gěi nín tuì le.

A

       Hǎo, wǒ zuì duō zài děng wǔ fēnzhōng.

A

B

       Hint Lǎobǎn, nín hǎo! Zhè shuāng xié chuānzhe bù shūfu, wǒ yào tuìhuò.

A

       Nín zhè shuāng shì sānshíqī hào de, yào huàn yì shuāng ma?

B

       Búyòng le, wǒ xiǎng tuìhuò.

A

       Hǎo de, qǐng gěi wǒ kàn yíxià nín de fāpiào.

A

       Gěi nín. Shì qītiān bāo tuì, yí ge yuè bāo huàn ba?

B

       Shì de, qǐng děng yíxià, wǒ gěi nín bàn yíxià tuìhuò de shǒuxù.

       Nín fùkuǎn shí shì shuā xìnyòngkǎ de ba?

A

       Shì de.

B

       Sān tiān hòu qián huì tuìdào nín de xìnyòngkǎ lǐ, dào shíhou qǐng nín cháshōu yíxià.

A

B   ^{Hint} 안녕하세요. 고객 센터입니다.

A   안녕하세요. 제가 그쪽 사이트에서 정장을 한 벌 샀는데 너무 작아서요. 반품하고 싶습니다.

B   주문 번호가 어떻게 되세요?

A   B0413925786입니다.

이 정장은 7일 내 반품 보장이네요. 저희가 댁으로 직원을 보내서 무료로 회수하겠습니다.

B   반품을 회수할 주소가 운송장의 주소와 같나요?

A   네, 대략 언제쯤 가지러 오시나요?

최근에 주문이 많아서 며칠의 시간이 필요할 것 같습니다. 저희 직원이 고객님께 미리 연락을 드릴 거예요.

STEP 4 ▶ 빈칸 채우기

단문

		马	经	理	，	我	公	司	在	20	20	年	5	月	9
号			了	贵	公	司			的	10	00	台	电	视	机。
		合	同	，			电	视	机	质	量				，
我	们	可	以		退	货	。	我	很	抱	歉	地			
您	，	经	过			，	贵	公	司	生	产	的	电	视	机
没	有			合	同	中	的	质	量		，	我	公	司	
		退	货	。	请	您	给	我		个	电	话	。		
		谢	谢	。											

^{Hint} 마 사장님, 저희 회사는 2020년 5월 9일에 귀사가 보낸 텔레비전 1000대를 받았습니다. 계약서에 따르면 만약 텔레비전 품질에 문제가 있으면 반품을 요구할 수 있습니다. 죄송하지만 검사를 해 보니 귀사가 생산한 텔레비전이 계약서의 품질 기준에 미치지 못해서 저희 회사는 어쩔 수 없이 반품함을 알려 드립니다. 저에게 전화를 주시기 바랍니다. 감사합니다.

STEP **1** 간체자 쓰기

发货 fā huò ⑧ 하물을 발송하다	发货 fā huò	发货 fā huò	发 发 发 发 发 / 货 货 货 货 货 货 货 货

购物 gòuwù ⑧ 쇼핑하다	购物 gòuwù	购物 gòuwù	购 购 购 购 购 购 购 购 / 物 物 物 物 物 物 物 物

晚点 wǎndiǎn ⑧ 연착(연발)하다	晚点 wǎndiǎn	晚点 wǎndiǎn	晚 晚 晚 晚 晚 晚 晚 晚 晚 晚 晚 / 点 点 点 点 点 点 点 点 点

STEP **2** 들으면서 따라 쓰기

🎧 W11-01

회화

A 欢迎各位顾客光临本店购物！

B 是温经理吗？我买的东西重量不够。

A 您什么时间买的？我帮您查一下。

B 昨天下午。我付了三斤的钱，但只有两斤半。

A 您在这儿休息一下，我马上去解决这件事。

B 希望这样的问题以后不再发生。

A 喂，是小高吗？我是周经理。

B 周经理您好，我是小高。有什么事吗？

A 我们还没有收到你们公司的货物。

B 抱歉啊，周经理！我们这边儿发货晚了，但是明天一定能到，不会影响您的生意。

A 你应该提前跟我们说，我们以为今天肯定能收到。

B 是，这次是我做得不好，以后我一定提前说。

A 希望这样的问题以后不再发生。

A 各位乘客，由于天气原因，由北京飞往西安的飞机晚点1小时50分钟。

B 又晚点？上次飞机晚点，就影响了我一笔大生意！我要找你们经理！

A 先生您好，关于飞机晚点，我们真的非常抱歉。但是为了您的安全，我们不能在这种天气条件下起飞。谢谢您的合作。

B 希望这样的事情以后不再发生。

W11-02
단문

　　由于公司的业务需要，我经常出差。今天从西安到南京的飞机又晚点了，我急坏了，因为已经和别人约好了谈判时间。机场的工作人员跟我和其他乘客说抱歉，其实我们也了解这是为了乘客的安全。没办法，为了能安全地到达，我只能选择等。在等的时候安排好自己的事情，希望对工作不会有太大的影响。

🎧 W11-03

회화

A

_____

Hint Huānyíng gèwèi gùkè guānglín běn diàn gòuwù!

B

_____

Shì Wēn jīnglǐ ma? Wǒ mǎi de dōngxi zhòngliàng bú gòu.

A

_____

Nín shénme shíjiān mǎi de? Wǒ bāng nín chá yíxià.

B

_____

Zuótiān xiàwǔ. Wǒ fùle sān jīn de qián, dàn zhǐyǒu liǎng jīn bàn.

A

_____

Nín zài zhèr xiūxi yíxià, wǒ mǎshàng qù jiějué zhè jiàn shì.

B

_____

Xīwàng zhèyàng de wèntí yǐhòu bú zài fāshēng.

A

_____

Hint Wéi, shì Xiǎo Gāo ma? Wǒ shì Zhōu jīnglǐ.

B

_____

Zhōu jīnglǐ nín hǎo, wǒ shì Xiǎo Gāo. Yǒu shénme shì ma?

A

_____

Wǒmen hái méiyǒu shōudào nǐmen gōngsī de huòwù.

B

_____

Bàoqiàn a, Zhōu jīnglǐ! Wǒmen zhèbianr fā huò wǎn le,

_____

dànshì míngtiān yídìng néng dào, bú huì yǐngxiǎng nín de shēngyì.

A

_____

Nǐ yīnggāi tíqián gēn wǒmen shuō, wǒmen yǐwéi jīntiān kěndìng néng shōudào.

B

_____

Shì, zhè cì shì wǒ zuò de bù hǎo, yǐhòu wǒ yídìng tíqián shuō.

A

_____

Xīwàng zhèyàng de wèntí yǐhòu bú zài fāshēng.

A

Hint 승객 여러분, 날씨로 인해 베이징에서 시안으로 가는 비행기가 1시간 50분 지연되겠습니다.

B

또 지연된다고? 저번에도 비행기가 지연되어 내 사업에 지장을 주더니! 당신들 사장 좀 만납시다!

A

선생님, 안녕하세요. 비행기 지연에 대해서는 정말 죄송합니다.

하지만 고객님의 안전을 위해 이런 날씨 상황에는 이륙할 수 없습니다. 협조해 주시면 감사하겠습니다.

B

이런 일이 다음에는 없었으면 합니다.

STEP 4 빈칸 채우기

단문

			公	司	的	业	务	需	要	，	我	经	常	出
差	。	今	天		西	安		南	京	的	飞	机	又	
了	，	我	急	坏	了	，	因	为	已	经	和	别	人	约	好
了		时	间	。	机	场	的	工	作	人	员		我	和
其	他	乘	客	说		，		我	们	也	了	解	这
是			乘	客	的	安	全	。	没	办	法	，	为	了	能
安	全	地	到	达	，	我	只	能		等	。	在	等	的
时	候		好	自	己	的	事	情	，	希	望	对	工	作
不	会	有	太	大	的		。							

Hint 회사 업무상 나는 출장을 자주 간다. 오늘은 시안에서 난징으로 가는 비행기가 또 지연되어 마음을 졸였다. 이미 다른 사람과 회의 시간을 잡아 두었기 때문이다. 공항의 직원은 나와 다른 승객들에게 미안하다고 했다. 사실 우리도 모두 승객의 안전을 위한 것이라는 점을 안다. 어쩔 수 없이 안전한 도착을 위해 나는 그냥 기다릴 수밖에 없었다. 기다릴 때 내가 할 일들을 정리했다. 일에 큰 영향이 없기를 바랄 뿐이다.

STEP 1 간체자 쓰기

面试 miànshì 명동 면접시험 (을 보다)	面面面面面面面面面/试试试试试试试试			
	面试 miànshì	面试 miànshì		

简历 jiǎnlì 명 이력(서)	简简简简简简简简简简简简简/历历历历			
	简历 jiǎnlì	简历 jiǎnlì		

应聘 yìngpìn 동 지원하다	应应应应应应应/聘聘聘聘聘聘聘聘聘聘聘聘聘			
	应聘 yìngpìn	应聘 yìngpìn		

STEP 2 들으면서 따라 쓰기

🎧 W12-01

회화

A 大卫先生，这边请，李总在303会议室等您。

B 谢谢。今天面试的人很多吗？我紧张极了。

A 不用紧张，李总对你的简历很满意。

B 谢谢，我会努力的。

A 加油！祝你成功！

B 谢谢！我进去了。

A 你好，欢迎你来我们公司。请先简单介绍一下自己。

B 你们好！我叫大卫，美国人，毕业于纽约大学，我学的是新闻。

A 你为什么想来我们公司工作？

B 我知道贵公司有在中国发展的计划，我对中国文化很有兴趣，
一直想去中国工作。这是我选择贵公司的第一个原因。
第二，我认为在贵公司工作能给我最好的发展机会。
您可以从我的简历中看出，我学的是新闻，我会说汉语，
我一直希望能找到一份能使用汉语的工作。这就是我选择
贵公司的原因。

A 你有其他问题要问我吗？

B 有，请问这份工作需要出差吗？

A 如果需要的话，会的，还有问题吗？

B 我没有问题了。

A 好，非常感谢你来面试这份工作。我们会在下周末前联系您的。

B 非常感谢您。

A 你出去的时候能让下一位应聘者进来吗？

B 好的，再见。

🎧 W12-02

단문

　　张经理您好，我叫王新，来自美国，毕业于纽约
大学，我学的是新闻。我在美国的时候，在一家报社
工作过两年。因为觉得发展机会不多，收入比较低，
今年六月我离开了那家报社，返回中国。我在报纸上
看到了贵公司的招聘广告，觉得自己很适合贵公司
广告部的这份工作，所以来应聘。我对工资没什么要
求，希望您能给我这个机会。谢谢。

W12-03

회화

A

B

Hint Dàwèi xiānsheng, zhèbian qǐng, Lǐ zǒng zài sān líng sān huìyìshì děng nín.

Xièxie. Jīntiān miànshì de rén hěn duō ma? Wǒ jǐnzhāng jíle.

A

Búyòng jǐnzhāng, Lǐ zǒng duì nǐ de jiǎnlì hěn mǎnyì.

B

Xièxie, wǒ huì nǔlì de.

A

Jiāyóu! Zhù nǐ chénggōng!

B

Xièxie! Wǒ jìnqu le.

A

Hint Nǐ hǎo, huānyíng nǐ lái wǒmen gōngsī. Qǐng xiān jiǎndān jièshào yíxià zìjǐ.

B

Nǐmen hǎo! Wǒ jiào Dàwèi, Měiguó rén, bìyè yú Niǔyuē dàxué, wǒ xué de shì xīnwén.

A

Nǐ wèi shénme xiǎng lái wǒmen gōngsī gōngzuò?

B

Wǒ zhīdào guì gōngsī yǒu zài Zhōngguó fāzhǎn de jìhuà, wǒ duì Zhōngguó wénhuà hěn yǒu xingqù,

yìzhí xiǎng qù Zhōngguó gōngzuò. Zhè shì wǒ xuǎnzé guì gōngsī de dì yī ge yuányīn.

Dì èr, wǒ rènwéi zài guì gōngsī gōngzuò néng gěi wǒ zuì hǎo de fāzhǎn jīhuì.

Nín kěyǐ cóng wǒ de jiǎnlì zhōng kànchū, wǒ xué de shì xīnwén, wǒ huì shuō Hànyǔ,

wǒ yìzhí xīwàng néng zhǎodào yí fèn néng shǐyòng Hànyǔ de gōngzuò.

Zhè jiùshì wǒ xuǎnzé guì gōngsī de yuányīn.

A

Hint 다른 하실 질문 있으신가요?

B

A 있습니다. 이 일은 출장을 가야 하나요?

B 필요한 경우라면요. 또 질문이 있으신가요?

A 없습니다.

B 네. 면접을 보러 와 주셔서 정말 감사합니다. 저희가 다음 주 주말 전에 연락 드리겠습니다.

A 정말 감사합니다.

B 나가실 때 다음 응시자에게 들어오라고 해 주실 수 있을까요?

네. 안녕히 계세요.

STEP 4 ▶ 빈칸 채우기

단문

		张	经	理	您	好	,	我	叫	王	新	,			美
国	,			纽	约	大	学	,	我	学	的	是	新	闻	。
我	在	美	国	的	时	候	,	在	一	家	报	社	工	作	过
两	年	。		觉	得	发	展	机	会	不	多	,			
比	较	低	,	今	年	六	月	我	离	开	了	那	家	报	社,
	中	国	。	我	在	报	纸	上	看	到	了	贵	公	司
的		广	告	,	觉	得	自	己	很			贵	公	司
广	告	部	的	这	份	工	作	,	所	以	来			。	我
对	工	资	没	什	么			,	希	望	您	能	给	我	这
个			。	谢	谢	。									

Hint 장 사장님 안녕하세요. 저는 미국에서 온 왕신이라고 합니다. 저는 뉴욕대학을 졸업했고 신문방송을 전공했습니다. 저는 미국에 있을 때 한 신문사에서 2년간 일한 적이 있습니다. 발전 기회가 적고 수입이 비교적 적어서 올해 6월 저는 그 신문사를 그만두고 중국으로 돌아왔습니다. 제가 신문에서 귀사의 구인 광고를 봤는데 귀사의 광고부 일이 저에게 맞을 것 같아서 응시합니다. 저는 연봉에 특별한 요구가 없습니다. 이 기회를 제게 주시기 바랍니다. 감사합니다.

STEP 1 간체자 쓰기

工资 gōngzī 명 임금, 노임	工 工 工 / 资 资 资 资 资 资 资 资 资 资		
	工资 gōngzī	工资 gōngzī	

客户 kèhù 명 고객	客 客 客 客 客 客 客 客 客 / 户 户 户 户		
	客户 kèhù	客户 kèhù	

年龄 niánlíng 명 연령, 나이	年 年 年 年 年 年 / 龄 龄 龄 龄 龄 龄 龄 龄 龄 龄 龄 龄 龄		
	年龄 niánlíng	年龄 niánlíng	

STEP 2 들으면서 따라 쓰기

W13-01

회화

A 李经理，这是今年的市场调查计划。

B 你们计划调查多少个商场？多少位客户？

A 280个商场，39800位客户。

B 不少啊，你们能做完吗？

A 虽然有困难，但我们觉得这次调查能帮助我们更好地了解客户的购物习惯。

B 对，这一点对我们生产和销售部门都是很重要的。

A 周经理，我想跟您报告我的一个小调查。

B 请说。

A 我调查了我们公司的100位员工，主要是想了解什么对同事们的日常生活影响最大。

B 这个调查和我们公司的业务有什么关系？

A 我想告诉您，根据我的调查，我认为我们需要涨工资了。

B 涨工资？你提醒了我，我需要和老板讨论一下。

A 请您向老板建议一下。

A 安经理，这是我们市场部对公司产品销售的调查报告。

B 你给我简单介绍一下吧。

A 好，调查发现，从性别来看，使用我公司产品的客户中59%是女性。

B 这个数字说明女性客户比去年增加了很多啊，男性客户减少了。

A 是的，20到30岁的客户也比去年增加了18.5%，说明我们的客户中年轻人更多了。

B 这是个好消息，我们公司的产品就是为年轻女性设计的。

W13-02

단문

　　这是我们市场部今年的市场调查报告。今年，我们公司一共生产了13个新产品，产品销量比去年增加了15.2%。调查发现，在使用我公司产品的客户中，从性别上看，58%是男性，女性客户也比去年增加了，涨了7.3个百分点。年轻客户也变多了，61%的客户年龄是20到30岁。年轻客户非常关心我们产品的价格，他们希望增加优惠活动，价格更便宜一些。

🎧 W13-03

회화

A
_____

(Hint) Lǐ jīnglǐ, zhè shì jīnnián de shìchǎng diàochá jìhuà.

B
_____

Nǐmen jìhuà diàochá duōshǎo ge shāngchǎng? Duōshǎo wèi kèhù?

A
_____

Liǎngbǎi bāshí ge shāngchǎng, sānwàn jiǔqiān bābǎi wèi kèhù.

B
_____

Bù shǎo a, nǐmen néng zuòwán ma?

A
_____

Suīrán yǒu kùnnan, dàn wǒmen juéde zhè cì diàochá néng bāngzhù

_____

wǒmen gèng hǎo de liǎojiě kèhù de gòuwù xíguàn.

B
_____

Duì, zhè yìdiǎn duì wǒmen shēngchǎn hé xiāoshòu bùmén dōu shì hěn zhòngyào de.

A
_____

(Hint) Zhōu jīnglǐ, wǒ xiǎng gēn nín bàogào wǒ de yí ge xiǎo diàochá.

B
_____

Qǐng shuō.

A
_____

Wǒ diàochále wǒmen gōngsī de yìbǎi wèi yuángōng, zhǔyào shì xiǎng liǎojiě shénme duì

_____

tóngshìmen de rìcháng shēnghuó yǐngxiǎng zuì dà.

B
_____

Zhège diàochá hé wǒmen gōngsī de yèwù yǒu shénme guānxi?

A
_____

Wǒ xiǎng gàosu nín, gēnjù wǒ de diàochá, wǒ rènwéi wǒmen xūyào zhǎng gōngzī le.

B
_____

Zhǎng gōngzī? Nǐ tíxǐngle wǒ, wǒ xūyào hé lǎobǎn tǎolùn yíxià.

A
_____

Qǐng nín xiàng lǎobǎn jiànyì yíxià.

A

B Hint 안 사장님, 이건 우리 마케팅부가 회사 상품 판매에 대해 진행한 조사 보고서입니다.

A 간단하게 소개해 주시죠.

B 네, 조사에 따르면 성별에서 우리 회사 상품을 이용하는 고객 중 59%가 여성이었습니다.

A 이 수치는 여성 고객이 작년보다 많이 증가했다는 거군요. 남성 고객은 감소하고요.

B 네, 20~30세 고객 역시 작년보다 18.5% 증가했습니다. 우리의 고객 중 젊은 층이 늘었다는 것을 알 수 있습니다.

A 이거 좋은 소식이네요. 우리 회사의 상품은 젊은 여성을 위한 거니까요.

STEP 4 빈칸 채우기

단문

		这	是	我	们		部	今	年	的	市	场	
报	告	。	今	年	，	我	们	公	司	一	共	生	产	了 13
个	新	产	品	，	产	品	销	量	比	去	年		了 15.
2	％	。	调	查		，	在	使	用	我	公	司	产 品
的	客	户	中	，		性	别		，	58	％	是	男 性，
女	性	客	户	也	比	去	年	增	加	了	，		了 7 .
3	个			。	年	轻	客	户	也	变	多	了	， 61
％	的	客	户	年	龄	是	20	到	30	岁	。	年	轻 客 户
非	常			我	们	产	品	的		，	他	们	希 望
增	加		活	动	，	价	格	更	便	宜	一	些	。

Hint 이것은 우리 마케팅부의 올해 시장 조사 보고서입니다. 올해 우리 회사는 모두 13개의 신상품을 생산했고 상품 판매량은 작년보다 15.2% 증가했습니다. 조사에 따르면 우리 회사 상품을 사용하는 고객은 성별을 기준으로 58%가 남성이며 여성 고객 역시 작년보다 증가해서 7.3% 포인트 늘었습니다. 젊은 고객 역시 많아져서 61%의 고객 연령이 20~30세입니다. 젊은 고객들은 가격에 관심이 매우 많아 할인 행사가 늘고 가격이 좀더 저렴하기를 바라고 있습니다.

STEP 1 간체자 쓰기

合同 hétong 몡 계약(서)	合合合合合合合/同同同同同同	
	合同 hétong	合同 hétong

修改 xiūgǎi 동 수정하다, 고치다	修修修修修修修修/改改改改改改改	
	修改 xiūgǎi	修改 xiūgǎi

到期 dàoqī 동 기한이 되다	到到到到到到到/期期期期期期期期期期期期	
	到期 dàoqī	到期 dàoqī

STEP 2 들으면서 따라 쓰기

W14-01

회화

A 合同什么时候到期?

B 2021年3月。

A 还有需要修改的地方吗?

B 没有了，应该有的都有了。

A 再认认真真地检查一遍。

A 谢经理，这份文件是CTI公司送来的合同。

B 放在桌子上吧，我一会儿看。再复印一份，给周经理送去。

A 周经理已经看过了，他有点儿不满意。

B 有什么问题吗？

A 他不满意他们公司设计的包装。

B 我再看看吧，你安排一下，明天让张经理来见我。

A 张经理，我已经看过合同了。

B 您认为合同有什么问题吗？

A 我希望贵公司提高产品的质量检查标准。

B 我们工厂的生产部对所有产品要检查三次，
最多提高到五次。

A 可以，请您在会议结束后把合同修改一下。

B 没问题，还有别的问题吗？

A 合同什么时候可以准备好？

B 后天。

W14-02

　　黄经理，我们为什么不现在去办公室开始谈判呢？就合同方面我还有些问题要问。我们总是愿意合作的，如果需要还可以做些修改。我们希望贵方再次考虑我们的要求，重新考虑修改合同。在付款这一问题上，我们双方有不同的看法，不得不再次讨论。我们希望这次谈判将是签订合同前的最后一次谈判。

W14-03

회화

A

> Hint Hétong shénme shíhou dàoqī?

B

> Ér líng èr yī nián sān yuè.

A

> Hái yǒu xūyào xiūgǎi de dìfang ma?

B

> Méiyǒu le, yīnggāi yǒu de dōu yǒu le.

A

> Zài rènren zhēnzhēn de jiǎnchá yí biàn.

A

> Hint Xiè jīnglǐ, zhè fèn wénjiàn shì CTI gōngsī sònglái de hétong.

B

> Fàngzài zhuōzi shàng ba, wǒ yíhuìr kàn. Zài fùyìn yí fèn, gěi Zhōu jīnglǐ sòngqu.

A

> Zhōu jīnglǐ yǐjīng kànguo le, tā yǒudiǎnr bù mǎnyì.

B

> Yǒu shénme wèntí ma?

A

> Tā bù mǎnyì tāmen gōngsī shèjì de bāozhuāng.

B

> Wǒ zài kànkan ba, nǐ ānpái yíxià, míngtiān ràng Zhāng jīnglǐ lái jiàn wǒ.

A

> Hint 장 사장님, 저는 이미 계약서를 봤습니다.

B

> 계약서에 무슨 문제가 있나요?

A

저는 귀사가 상품의 품질 검사 기준을 높여 주셨으면 합니다.

B

우리 공장의 생산부는 모든 상품에 3번의 검사를 해야 합니다. 가장 많이는 5번까지 할 수도 있습니다.

A

좋습니다. 회의가 끝나고 계약을 수정해 주십시오.

B

문제없습니다. 또 다른 문제가 있으십니까?

A

계약서는 언제 준비가 될까요?

B

모레요.

STEP 4 빈칸 채우기

단문

		黄	经	理	，	我	们				现	在	去	办
公	室	开	始	谈	判		？	就	合	同		我	还	有
些	问	题	要	问	。	我	们		愿	意	合	作	的	，
如	果	需	要	还	可	以	做	些		。	我	们	希	望
贵	方		考	虑	我	们	的	要	求	，		考	虑	
修	改	合	同	。	在		这	一	问	题	上	，	我	们
	有	不	同	的	看	法	，		再	次	讨	论。		
我	们	希	望	这	次	谈	判	将	是		合	同	前	的
	一	次	谈	判	。									

Hint 황 사장님, 우리 바로 사무실로 가서 협상을 시작하시죠. 계약에 대해 아직 묻고 싶은 것들이 있습니다. 만약 아직 수정을 할 여지가 있다면 우리는 늘 협력을 원합니다. 우리는 귀사가 다시 우리의 요구를 고려해서 다시 계약을 수정하길 바랍니다. 지불 문제에서 양측이 서로 다른 생각이 있으니 어쩔 수 없이 다시 토론을 해야죠. 우리는 이번 협상이 계약을 맺기 전 최후의 협상이기를 바랍니다.

STEP 1 간체자 쓰기

愉快 yúkuài 형 기쁘다, 유쾌하다	愉 愉 愉 愉 愉 愉 愉 愉 愉 愉 愉 / 快 快 快 怏 怏 快 快		
	愉快 yúkuài	愉快 yúkuài	

记得 jìde 동 기억하고 있다	记 记 记 记 记 / 得 得 得 得 得 得 得 得 得 得		
	记得 jìde	记得 jìde	

旅途 lǚtú 명 여행, 여정	旅 旅 旅 旅 旅 旅 旅 旅 旅 旅 / 途 途 途 途 途 途 途 途 途 途		
	旅途 lǚtú	旅途 lǚtú	

STEP 2 들으면서 따라 쓰기

🎧 W15-01

회화

A 我想我们该走了。

B 好，我送你们回去。

A 不用了，请留步。希望很快又能见到你。

B 行，我送你到门口。

A 关先生，很高兴认识您。

B 我也是，希望您在北京过得愉快。

A 当然，多联系。

B 我会再联系您的。

A 和您合作很愉快。希望下次再见。

B 祝您旅途愉快。再见。

A 方小姐，谢谢您的帮助。

B 我很愿意当您的导游，希望您在北京过得愉快。

A 什么时候来东京，记得给我打电话。

B 我下次到东京时一定会去看看您的。

A 请收下这份礼物。

B 谢谢，真漂亮。

A 真高兴你喜欢这件礼物。我想我该走了。

B 祝您一路顺风！

🎧 W15-02

단문

　　最后，再次感谢各位来宾、经理及员工在百忙中参加我们的聚会。感谢举办这次聚会的CTI 公司的员工们一个多月以来的努力和各单位的帮助。同时，我们的发展离不开您的支持，希望不久的将来有机会与您再次见面。在这里祝各位身体健康、生活愉快、事业成功！

W15-03

회화

A

> Hint Wǒ xiǎng wǒmen gāi zǒu le.

B

> Hǎo, wǒ sòng nǐmen huíqu.

A

> Búyòng le, qǐng liúbù. Xīwàng hěn kuài yòu néng jiàndào nǐ.

B

> Xíng, wǒ sòng nǐ dào ménkǒu.

A

> Hint Guān xiānsheng, hěn gāoxìng rènshi nín.

B

> Wǒ yě shì, xīwàng nín zài Běijīng guò de yúkuài.

A

> Dāngrán, duō liánxì.

B

> Wǒ huì zài liánxì nín de.

A

> Hé nín hézuò hěn yúkuài. Xīwàng xià cì zàijiàn.

B

> Zhù nín lǚtú yúkuài. Zàijiàn.

A

> Hint 미스 팡, 도와주셔서 감사했습니다.

B

> 당신의 가이드가 되기를 바랐었습니다. 베이징에서 즐거운 시간 되시기를 바랍니다.

A

> 언제 도쿄에 오시면 전화하시는 거 잊지 마세요.

B _____

A _____
다음에 도쿄에 가면 꼭 가서 뵙도록 할게요.

B _____
이 선물을 받으세요.

A _____
감사합니다. 정말 예쁘네요.

B _____
좋아하시니 너무 좋습니다. 저는 가야 할 것 같습니다.

_____
살펴 가세요.

STEP 4 ▶ 빈칸 채우기

단문

			，	再	次	感	谢	各	位				、	经	理
	员	工	在		中	参	加	我	们	的	聚	会	。		感
谢		这	次		的	C	T	I	公	司	的	员	工		
们	一	个	多	月	以	来	的	努	力	和	各			的	帮
助	。	同	时	，	我	们	的	发	展				您	的	
，	希	望	不	久	的	将	来	有	机	会	与	您	再	次	
见	面	。	在	这	里		各	位	身	体	健	康	、	生	活
愉	快	、		成	功	！									

Hint 마지막으로 다시 한번 사장님을 포함한 직원분들이 바쁘신 중에도 우리의 모임에 와 주신 것에 감사합니다. 이 모임을 위해 1개월 넘게 노력해 주신 CTI 회사의 직원분들과 각 부서의 도움에 감사합니다. 또한 우리의 발전은 여러분들의 지지가 중요합니다. 머지않은 시기에 여러분들과 또 만날 기회가 있기를 바랍니다. 이 자리에서 모든 분들이 건강하시고 행복하시고 사업이 번창하시기를 기원합니다!

www.dongyangbooks.com (웹사이트)
m.dongyangbooks.com (모바일)

중국어뱅크

스마트 스피킹 중국어 ④

워크북

이름

외국어 출판 40년의 신뢰
외국어 전문 출판 그룹
동양북스가 만드는 책은 다릅니다.

40년의 쉼 없는 노력과 도전으로 책 만들기에 최선을 다해온 동양북스는
오늘도 미래의 가치에 투자하고 있습니다.
대한민국의 내일을 생각하는 도전 정신과 믿음으로 최선을 다하겠습니다.

동양북스

📖 동양북스 추천 교재

일본어 교재의 최강자, 동양북스 추천 교재

회화 코스북

일본어뱅크 다이스키
STEP 1·2·3·4·5·6·7·8

일본어뱅크
좋아요 일본어 1·2·3

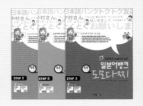

일본어뱅크 도모다찌
STEP 1·2·3

분야서

일본어뱅크
NEW 스타일 일본어 문법

일본어뱅크
일본어 작문 초급

일본어뱅크
사진과 함께하는
일본 문화

일본어뱅크
항공 서비스 일본어

가장 쉬운 독학
일본어 현지회화

수험서

일취월장 JPT
독해·청해

일취월장 JPT
실전 모의고사 500·700

일단 합격하고 오겠습니다
JLPT 일본어능력시험
N1·N2·N3·N4·N5

일단 합격하고 오겠습니다
JLPT 일본어능력시험
실전모의고사 N1·N2·N3·N4/5

단어·한자

특허받은
일본어 한자 암기박사

일본어 상용한자 2136
이거 하나면 끝!

일본어뱅크
New 스타일 일본어 한자 1·2

가장 쉬운 독학
일본어 단어장

일단 합격하고 오겠습니다
JLPT 일본어능력시험
단어장 N1·N2·N3

중국어 교재의 최강자, 동양북스 추천 교재

중국어뱅크 북경대학 신한어구어
1 · 2 · 3 · 4 · 5 · 6

중국어뱅크 스마트중국어
STEP 1 · 2 · 3 · 4

중국어뱅크 집중중국어
STEP 1 · 2 · 3 · 4

중국어뱅크
문화중국어 1 · 2

중국어뱅크
관광 중국어 1 · 2

중국어뱅크
여행실무 중국어

중국어뱅크
호텔 중국어

중국어뱅크
판매 중국어

중국어뱅크
항공 서비스 중국어

중국어뱅크
시청각 중국어

정반합 新HSK
1급 · 2급 · 3급 · 4급 · 5급 · 6급

버전업! 新HSK 한 권이면 끝
3급 · 4급 · 5급 · 6급

버전업! 新HSK
VOCA 5급 · 6급

가장 쉬운 독학 중국어 단어장

중국어뱅크
중국어 간체자 1000

특허받은
중국어 한자 암기박사

📖 동양북스 추천 교재

기타외국어 교재의 최강자, 동양북스 추천 교재

중고급 학습

첫걸음 끝내고 보는
프랑스어
중고급의 모든 것

첫걸음 끝내고 보는
스페인어
중고급의 모든 것

첫걸음 끝내고 보는
독일어
중고급의 모든 것

첫걸음 끝내고 보는
태국어
중고급의 모든 것

단어장

버전업! 가장 쉬운
프랑스어 단어장

버전업! 가장 쉬운
스페인어 단어장

버전업! 가장 쉬운
독일어 단어장

여행 회화

NEW 후다닥
여행 중국어

NEW 후다닥
여행 일본어

NEW 후다닥
여행 영어

NEW 후다닥
여행 독일어

NEW 후다닥
여행 프랑스어

NEW 후다닥
여행 스페인어

NEW 후다닥
여행 베트남어

NEW 후다닥
여행 태국어

수험서 · 교재

한 권으로 끝내는 DELE
어휘 · 쓰기 · 관용구편 (B2~C1)

수능 기초 베트남어
한 권이면 끝!

버전업!
스마트 프랑스어

일단 합격하고 오겠습니다
독일어능력시험
A1 · A2 · B1 · B2(근간 예정)